W0372336

LE GRAND LIVRE DES RONGEURS ET DES NOUVEAUX ANIMAUX DE COMPAGNIE

Dr Florence Desachy

LE GRAND LIVRE DES RONGEURS ET DES NOUVEAUX ANIMAUX DE COMPAGNIE

ÉDITIONS DE VECCHI S.A.
52, rue Montmartre
75002 PARIS

Malgré l'attention portée à la rédaction de cet ouvrage, l'auteur ou son éditeur ne peuvent assumer une quelconque responsabilité du fait des informations proposées (formules, recettes, techniques, etc.) dans le texte.
Il est conseillé, selon les problèmes spécifiques – et souvent uniques – de chaque lecteur, de prendre l'avis de personnes qualifiées pour obtenir les renseignements les plus complets, les plus précis et les plus actuels possible.

Du même auteur aux éditions De Vecchi

Bien vivre avec son rongeur
La gerbille
Comment choisir son chat
Bien vivre avec son chien pour le rendre heureux
La reproduction du chien
Les troubles du comportement du chien
L'éveil du chiot
Les soins du chien au quotidien
Le chien de compagnie
L'éducation du chien

Remerciements

Je tiens à remercier Philippe Lacour et la société Reptiles World pour les conseils apportés aux passionnés de reptiles.
Christophe Voisin nous a apporté son témoignage d'amoureux des NAC (nouveaux amis de compagnie) mais également son regard de professionnel. Il exerce en effet au Jardin des Plantes après une formation d'auxiliaire vétérinaire.

Photos de couverture : en haut, Furet (© Français/Cogis) ; au milieu, Gerbille (© Hermeline/Cogis) et Iguane (© Français/Cogis) ; en bas, de gauche à droite, Mygale (© Lanceau/Cogis), Tortues Reeves (© Français/Cogis) et Degue du Chili (© Hermeline/Cogis).

© 2000 Éditions De Vecchi S.A. - Paris
Imprimé en Italie

La loi du 11 mars 1957 n'autorisant, aux termes des alinéas 2 et 3 de l'article 41, d'une part, que les « copies ou reproductions strictement réservées à l'usage privé du copiste et non destinées à une utilisation collective » et, d'autre part, que les analyses et les courtes citations dans un but d'exemple et d'illustration, « toute représentation ou reproduction intégrale, ou partielle, faite sans le consentement de l'auteur ou de ses ayants droit ou ayants cause est illicite » (alinéa 1er de l'article 40).
Cette représentation ou reproduction, par quelque procédé que ce soit, constituerait donc une contrefaçon sanctionnée par les articles 425 et suivants du Code pénal.

GÉNÉRALITÉS

© Labat/Lanceau/Cogis

Introduction

Que sont les NAC ?

Les NAC (nouveaux animaux de compagnie) sont les poissons, les oiseaux, les rongeurs et les reptiles, c'est-à-dire les animaux de compagnie excepté les chats et les chiens. La France est en première position avec vingt millions de NAC devant l'Italie, l'Allemagne et le Royaume-Uni.
Les recherches sur leur comportement, leurs besoins se sont intensifiées et ont permis de mieux cerner leurs exigences pour assurer leur bonheur en captivité.
L'équilibre d'un NAC ne sera assuré en captivité que par une connaissance parfaite de l'animal et par un respect permanent des exigences entraînées par la possession d'un tel animal (nettoyage de la cage, vérification de l'eau, respect de la température...).
Le respect de son mode de vie est indispensable pour son équilibre moral et physique.

Pour les oiseaux, reptiles, araignées, etc., demandez tous les papiers de l'animal prouvant qu'il n'a pas été prélevé dans la nature et qu'il ne fait pas partie d'une espèce en voie de disparition. Si vous ne respectez pas ces formalités, vous participez à l'extinction de certaines espèces pour votre plaisir personnel. Il y a suffisamment d'animaux dont la vente est permise et réglementée pour vous permettre de faire un choix.

Vérifiez bien avant d'acquérir un oiseau qu'il n'appartient pas à une espèce en voie de disparition (© Varin/Cogis)

Il faut d'autre part tenir compte de la législation concernant ces animaux. Certaines espèces font partie de la convention de Washington et sont, à ce titre, protégées. Reportez-vous à la fin de la première partie, à la page 16 afin de prendre connaissance de cette réglementation.

Les différents NAC

Les rongeurs

Il faut en premier lieu prévenir la faible longévité de ces animaux et la difficulté de les soigner en choisissant une alimentation appropriée pour maintenir leur équilibre physiologique.

Les oiseaux

Il faut insister sur la beauté de l'animal mais aussi sur l'entretien régulier de la cage.
De plus, la connaissance des conditions de vie (habitat, alimentation...) de l'espèce choisie est indispensable pour éviter toute pathologie. Une mortalité rapide est souvent due à une méconnaissance totale de l'animal.
Les oiseaux sont très différents les uns des autres, leur alimentation est très spécifique.

Les poissons

L'aspect ornemental est indéniable mais certains acheteurs pensent qu'en prenant le haut de gamme comme aquarium, ils n'auront plus rien à faire.
Il n'en est rien. Une surveillance constante de la qualité de l'eau, des conditions climatiques et d'éclairage est indispensable.

Les reptiles

La connaissance des conditions d'habitat et la connaissance des paramètres tels que l'humidité, la chaleur... sont indispensables à l'équilibre de l'animal.
De plus, le danger que peut représenter certains spécimens doit être pris en compte. Ces animaux pourraient ensuite se retrouver dans la nature. Il faut éviter de céder à l'aspect « marginal » de la possession d'un tel animal. La connaissance parfaite d'un reptile est une condition obligatoire à sa possession.

Humidité et chaleur sont des paramètres indispensables à l'équilibre d'un reptile (© Français/Cogis)

Le furet

Il tient une place très importante comme animal de compagnie aux États-Unis. C'est un animal attachant qui sait vivre au contact de l'homme.

Le furet est un animal attachant qui rencontre beaucoup de succès aux États-Unis (© Français/Cogis)

Les araignées

Nous évoquerons ces animaux passionnants mais à ne pas mettre entre toutes les mains.

Les araignées ne sont pas des NAC à mettre entre toutes les mains (© Français/Cogis)

Le choix, l'achat et la vie avec son NAC

Un NAC pour un enfant ?

Il est intéressant d'insister sur ce type de « petits maîtres » et sur ce qu'un NAC peut leur apporter. On pense souvent aux relations privilégiées que l'enfant peut avoir avec son animal mais il a été démontré que le fait de posséder un hamster, un oiseau rapproche aussi les enfants entre eux. Il permet parfois un échange plus facile avec les parents. En effet, l'enfant s'exprime grâce à cet intermédiaire. Mais il faut, dans ce cas, être très attentif et éviter de trop le culpabiliser en le responsabilisant de façon excessive. L'animal ne doit pas devenir un sujet de discorde si l'enfant ne s'en est pas suffisamment occupé. Les contraintes imposées par un animal doivent être gérées par l'enfant et les parents si l'animal est censé avoir un rôle de médiateur. Le rôle d'un animal est surtout fonction de l'âge de l'enfant. Le choix d'une espèce en sera donc étroitement dépendant. Les poissons et les oiseaux sont très éducatifs pour les tout-petits. Il suffit de regarder un enfant d'un an devant un aquarium pour comprendre la fascination que les poissons exercent sur lui. Si les parents les nourrissent devant lui, il prendra peu à peu conscience de la notion d'animal.

Attention aux carences en vitamines chez le lapin (© Gissey/Cogis)

Importance des conditions de vie et d'alimentation chez les NAC

Qu'ils soient poissons, oiseaux, reptiles ou rongeurs, tous ont besoin de conditions très particulières pour assurer leur équilibre vital et c'est pourquoi l'alimentation est fondamentale. **Toute carence alimentaire entraînera des répercussions sur la santé de l'animal.**

Notions générales sur l'alimentation des NAC

Les vitamines sont des éléments nutritionnels fondamentaux en captivité.
Leur carence a des répercussions sur le métabolisme des animaux, leur croissance et leur résistance aux infections.

La carence en vitamine A est très fréquente chez les tortues, essentiellement aquatiques (sensibilité particulière des jeunes) et chez le lapin.
En cas de manque en vitamine A, les symptômes sont oculaires. L'œil est gonflé et ressort (on parle d'*exophtalmie*), il y a un œdème des paupières qui paraissent très enflées. L'œil est parfois blanc. Les infections oculaires surajoutées sont fréquentes (conjonctivite avec écoulement de pus). Les défenses de l'animal sont diminuées en cas de carence importante. On peut donc suspecter cette pathologie quand l'animal a de nombreuses affections successives.
Les manques de vitamine B et surtout B1 existent chez les iguanes et chez les reptiles nourris avec des poissons qui renferment de l'antivitamine B (éperlan, morue).
On observe une perte de poids en cas de déficience en vitamine B. Des troubles nerveux telles une paralysie ou une incoordination des mouvements apparaissent et il y a parfois une cécité due à un problème d'origine nerveuse et non oculaire. La vitamine B intervient dans le développement du cerveau.
Les petits rongeurs (cobaye, hamster...) sont très sensibles à une déficience en vitamine C. Les cobayes ne synthétisent pas cette vitamine. Il faudra les supplémenter plus particulièrement. Il en va de même pour les serpents.
Les carences en vitamine C entraînent des troubles cutanés qui, chez les serpents, se manifestent par une rupture de la peau. C'est aussi un facteur favorisant les stomatites (infections de la bouche) qui peuvent conduire à la mort par inabsorption totale de nourriture.
Certains serpents sont victimes de carence en vitamine E.
Le manque de vitamine E est responsable de troubles musculaires qui s'expriment sous forme de tremblements incessants et incontrôlés ou de crampes.
Les tortues d'eau, lézards, crocodiles et lapins sont sujets aux carences en vitamine D.
La vitamine D en quantité insuffisante provoque des troubles associés à une carence en calcium. On observe des problèmes de la calcification comme le ramollissement de la carapace chez les tortues, la déformation des membres (rachitisme) ou la déformation du squelette.

Il est vraiment très important que le futur acquéreur d'un NAC comprenne que le respect de l'alimentation, de l'apport en supplément et du respect des conditions de vie spécifiques à chaque espèce sont vitaux pour l'animal. Les caresses et l'affection portées à l'animal ne suffiront pas.

CONDITIONS REQUISES POUR AVOIR UN NAC	
Âge	Au moins dix ans pour en être responsable et savoir répondre à ses besoins
Habitat	Disposer d'une pièce calme, lumineuse, non surchauffée, sans courants d'air
Disponibilité	Avoir le temps de l'observer pour détecter une anomalie ou une pathologie
Connaissances	Avoir des notions complètes de comportement, d'alimentation, de mode de vie pour l'animal détenu afin de corriger rapidement une erreur fatale pour l'animal
Budget	Prévoir l'achat de l'animal mais aussi le matériel, la nourriture et les accessoires

Acheter un NAC

Avant de prendre cette décision, il faut connaître vos besoins et vos possibilités pour le choisir correctement.
Un NAC n'est pas un animal de remplacement, c'est un véritable animal de compagnie.

Le choix d'un NAC

Il faut avant tout choisir un type de NAC. Préférez-vous les oiseaux, les poissons, les rongeurs ou les reptiles ? Puis il vous faudra choisir une espèce.
Les critères de choix seront l'âge du futur maître, son caractère et ses disponibilités ainsi que ses capacités financières.

Un NAC est un animal de compagnie : il ne doit pas être choisi « pour faire joli » (© Hermeline/Cogis)

TELLES ESPÈCES, TELS MAÎTRES

Animaux	Propriétaires
Oiseaux	Enfants, couple ; la famille n'est pas idéale car elle entraîne trop d'agitation
Poissons	Adultes, connaisseurs (l'eau est un milieu difficile à étudier) ; adolescents scientifiques
Rongeurs	Enfants : les plus appropriés sont le lapin et le cochon d'Inde ; adolescents (les rats qui s'apprivoisent très bien) ; adultes (chinchilla, gerbille dont le maintien des conditions de vie est plus dur)
Furets	Tous : nouvel animal de compagnie familial (éviter de les offrir à des enfants de moins de trois ans)
Reptiles	Passionnés très connaisseurs (ne jamais les acquérir pour « étonner les voisins »)

Choisir un poisson comme NAC implique d'y consacrer du temps, ainsi qu'à son environnement (© C. Vast)

L'achat d'un NAC

Il existe deux aspects lors de l'achat d'un NAC : l'animal lui-même et tous les accessoires utiles à son entretien et à son équilibre de vie.

L'animal

Le plus dur n'est pas de trouver un NAC, mais de trouver un NAC en parfaite santé et non stressé, ce qui lui permettra de s'adapter parfaitement à ses nouvelles conditions de vie chez vous.

Les lieux d'achat

Les principaux points de vente sont les animaleries. En effet, contrairement aux chats et aux chiens, les éleveurs d'oiseaux ou de rongeurs vendent rarement directement aux particuliers.
Ils fournissent des magasins qui revendent. Vous ne pourrez rencontrer des éleveurs que lors d'expositions animalières.

Il faut préférer les grandes animaleries actuelles qui ont fait des efforts considérables pour présenter à la vente des animaux dans de très bonnes conditions sanitaires. Certains petits magasins ne peuvent, même avec beaucoup de bonne volonté, assurer les conditions d'hygiène nécessaires aux animaux faute de moyens financiers et de personnel.
Pour savoir si le magasin est correct, il suffit de regarder l'état des animaux. Les rongeurs doivent jouer, la cage doit être propre. Les oiseaux doivent chanter, voler... Aucune odeur ne doit se sentir de façon prononcée. Les vendeurs doivent pouvoir vous donner des renseignements sur la physiologie et l'entretien des animaux.
N'achetez pas d'animaux sur les marchés.

> Les expositions ou les animaleries de grande taille sont les deux lieux d'achat corrects.
> Mais il existe des animaleries de petites surfaces parfaitement tenues.

Les garanties

Cet aspect de la vente est très important. Il faut signaler que les animaleries sont soumises à des contrôles très stricts de la part des services vétérinaires. Certains animaux sont protégés par la convention de Washington. Ils doivent donc être nés dans des élevages pour être vendus et non prélevés dans la nature. Ils ont des papiers officiels provenant de l'éleveur. Ils ont un permis d'importation s'ils proviennent de l'étranger. Vous ne devez pas acheter des oiseaux non bagués, des perroquets sans papiers... ce qui est souvent le cas quand l'achat se fait auprès d'un particulier.
Les accords entre l'acheteur et le vendeur en cas de maladie ou de décès sont à établir au moment de la vente entre les deux parties. Il n'existe aucun texte pour régler ce problème des garanties. Demandez un certificat de vente au magasin.

La convention de Washington

Reportez-vous page 16, à la fin de la première partie. Tous les animaux sous convention de Washington (ou CITES [*Convention International Trade Endegered Species*]) doivent disposer d'un permis de CITES.

Les accessoires

Il ne faut pas négliger ces achats même s'ils vous semblent superflus et qu'ils grèvent votre budjet. Ils sont fondamentaux pour l'équilibre de votre animal. Un bac à sable pour un chinchilla est important, un os de seiche pour tel oiseau, un décor pour se cacher pour ce poisson... Si vous désirez un NAC, le mieux est d'établir un « devis » avant de faire l'achat. Calculez la somme que vous devrez mettre en prenant tout en compte et estimez aussi le coût par mois de l'alimentation... Un NAC n'est pas forcément plus économique qu'un chien ou un chat même s'il est moins cher à l'achat.

Acheter un NAC en bonne santé

Le rongeur

Examinez les yeux. Aucun écoulement ne doit être présent, ils doivent être bien ouverts.

LES RONGEURS

© Lanceau/Cogis

La contention

Il est très important de savoir tenir correctement un animal que ce soit pour le caresser, l'examiner, ou pour le transporter.

Le chinchilla

Il ne faut pas le réveiller brusquement. Avant de le prendre, parlez pour le prévenir de votre présence.

Vous pouvez le prendre d'un bloc dans votre main en le soutenant sous le ventre. Il faut éviter de le prendre par une partie du corps car sa fourrure est délicate et il perd très facilement des touffes de poils. Cette perte de poils est due à une décharge d'adrénaline dans les muscles érecteurs du poil. Le meilleur procédé de contention est de le saisir à la base de la queue et de le déposer sur l'avant-bras replié.

Le lapin n'apprécie pas particulièrement qu'on le tienne par les oreilles... (© F. Desachy)

L'AVENIR POUR LES NAC : L'IDENTIFICATION ÉLECTRONIQUE

Ce sera bientôt le moyen le plus répandu pour les NAC.
Un transpondeur permet d'implanter une puce électronique sous la peau de l'animal. Il faut ensuite disposer d'un lecteur pour lire le numéro de la puce.
La lecture peut se faire à distance pour les animaux dangereux ou dont la contention est difficile.
Seul un vétérinaire peut réaliser une implantation de puce.

CONVENTION DE WASHINGTON

Annexe I
Amazone à joues bleues, de Saint Vincent, impériale, à tête blanche, à face rouge, versicolore, bourgogne, à bandeau rouge...
Aras
Perruche dorée
Cacatoès des Moluques
Perruche à tête d'or
Perruche nocturne
Perroquet à gros bec...

Annexe II
Tous les psittaciformes sauf les perruches ondulées, les perruches calopsittes et perruches à collier.

Annexe III
Perruche à collier
Perruche ondulée
Perruche calopsitte

Le cacatoès des Moluques est inscrit dans l'annexe I de la Convention de Washington (© Labat/Cogis)

L'identification des NAC

Il est très important de connaître la législation sur l'identification des animaux.
La loi sur l'élevage du 28 décembre 1966 rend obligatoire l'identification des animaux.
Les carnivores domestiques sont le chat, le chien et le furet, dernier-né des animaux de compagnie.
Les carnivores doivent tous être tatoués. Les furets se tatouent avec des cartes à puce (utilisées aussi pour les chiens).

1. Par le tatouage

- Il est composé de trois lettres et de trois chiffres.
- Il est réalisé à la pince avec ou sans anesthésie, ou au dermographe avec anesthésie uniquement.
- Le tatouage des carnivores est obligatoire pour tout transfert d'animal avec changement de propriétaire que ce soit un don, un achat ou une adoption. Il est fait aux frais du vendeur.

2. Par une puce électronique

De nombreux pays européens ont déjà adopté ce système d'identification. Deux appareils sont nécessaires : une puce et un lecteur. La puce, ou transpondeur, est implantée sous la peau de l'animal. Elle peut être décodée à distance par un lecteur qui affiche son numéro. L'injection de la puce est indolore et se fait sans anesthésie.

Les rongeurs

L'identification d'un rongeur dépend de l'élevage dans lequel il est né.

Le tatouage

Tous les rongeurs nés à la même date ont le même numéro de tatouage. Cela permet d'identifier un éleveur et un lot et non un individu.
Le tatouage se fait pour les lapins uniquement, il est situé à l'oreille.

Les oiseaux : la bague à la patte

L'identification est différente selon les pays et l'origine des oiseaux.

La bague

L'oiseau est bagué à huit jours. C'est l'éleveur qui fait cette opération. Si un oiseau non bagué vous est vendu, il a pu être capturé dans la nature.
La bague est obligatoire pour les oiseaux dont l'espèce existe à l'état naturel pour bien prouver que l'animal provient d'un élevage. Elle n'est pas obligatoire pour les oiseaux dont les variétés sont issues de croisements faits par les éleveurs (mutation) et qui n'existent pas dans la nature.
C'est le club auquel est affilié l'éleveur qui procure les bagues en fonction du nombre de naissances.
La bague comprend le sigle du club, le numéro d'adhérent de l'éleveur, l'année de naissance et le numéro de l'oiseau.

Le numéro CITES

Cette identification n'existe que pour les oiseaux soumis à la convention de Washington et non issus d'élevage. Il indique le pays d'origine de l'oiseau et il est obligatoire pour la vente et la détention de l'oiseau.

La puce

Elle se fera en intramusculaire au niveau du bréchet.

Les reptiles

L'identification n'est pas encore très bien organisée.
Seul le numéro CITES est actuellement un système d'identification.

Les poissons

Aucune identité.

vité. La source U (*unknown*) désigne des spécimens d'origine inconnue. Sa réglementation est la plus restrictive.
Il faut être très précis sur les termes concernant les pays expéditeurs. Le pays d'origine est celui dans lequel l'animal a été prélevé ou élevé. Le pays de provenance est celui d'où l'animal est expédié jusqu'à vous.
Dans chaque pays, un organisme gère la délivrance des permis. Le secrétariat international est basé à Genève.
Pour importer en France des animaux inscrits en annexe II, il vous faudra un permis CITES d'exportation réalisé par le pays d'origine et un permis CITES d'importation émis par le ministère de l'Environnement français.
Ces permis sont gérés par la DNP ou Direction de la nature et des paysages ; le bureau de la convention est intégré au service de la chasse et de la faune, dépendant du ministère de l'Environnement.

Exemples d'animaux de l'annexe II pouvant concerner les animaleries

Sont concernés certains insectes, certains psittacidés, perroquets et rapaces, les toucans, la tortue grecque, les caméléons, le gecko de l'île Serpent, l'iguane marin et terrestre, les varans, les boïdés, la salamandre, les mygales.
Attention, de nombreux psittacidés sont en annexe I : l'amazone, l'ara, certains cacatoès, certaines perruches. Ils doivent impérativement provenir d'élevage pour espérer obtenir un permis de vente.

Le permis CITES

Les permis d'importation sont délivrés suite à une dérogation sanitaire sur laquelle l'importateur précise tous les renseignements concernant sa société, sa capacité de stockage... La liste des animaux importés, contenant leur nom scientifique, leur nom commun, leur pays d'origine et leur nombre, doit être dressée et envoyée à la direction des services vétérinaires dans le département de la société. Cette demande signée de la DSV est ensuite transmise au ministère de l'Environnement. Une fois acceptée, la demande de dérogation sanitaire est envoyée au ministère de l'Agriculture. Quatre exemplaires sont établis : un pour l'importateur,

Salamandre (© Français/Cogis)

un pour le ministère de l'Agriculture, un pour la DSV, et un pour le bureau des douanes.

Les contrôles et sanctions

Les contrôles aux frontières et sur le territoire se font par les services douaniers, l'Office national de la chasse et les services vétérinaires.
Le Muséum d'histoire naturelle est l'autorité scientifique française, cela signifie qu'elle aide les services de contrôle par des expertises et donne son avis sur la nécessité de certaines importations. De 2 000 à 6 000 francs d'amende et jusqu'à six mois de prison sont prévus pour toute fraude.

Les obligations de l'acheteur

Vos obligations sont morales. Vous devez disposer, lors de l'achat d'un NAC, de toutes les qualités requises pour lui apporter les conditions de vie nécessaires à son équilibre et à sa bonne santé. Vos connaissances de l'espèce doivent être suffisantes pour comprendre le comportement de votre animal.

Les obligations du vendeur

Demandez quelles sont les garanties proposées par le magasin en cas de maladie ou de mortalité. Suivez les conseils des vendeurs, notamment sur l'alimentation des animaux.

La législation

Vous ne devez pas ignorer toutes les mesures prises pour la sauvegarde de certaines espèces pourtant vendues comme NAC. Il est de votre devoir de n'acheter que des animaux dont la vente est permise par la convention de Washington.

La convention de Washington

La convention de Washington aussi dénommée CITES (*Convention International Trade Endegered Species*) a pour but d'assurer la protection des espèces animales et végétales menacées d'extinction.
Vous pouvez l'obtenir en écrivant à l'adresse suivante : ministère de l'Environnement, 20, avenue de Ségur, 75302 Paris 07 SP, bureau Convention de Washington.
Il existe plus de 2 500 espèces animales et 4 000 espèces végétales répertoriées dans ce document ; 130 États ont signé cet acte, publié le 30 août 1978, qui interdit le commerce des espèces en voie de disparition et réglemente celui des espèces menacées. Tout échange type import-export sera donc soumis à l'émission de permis et à une réglementation très stricte dont le non-respect entraînera des poursuites. Le commerce visé est aussi celui des produits dérivant d'animaux protégés (ivoire, écailles...).

Le texte

Il existe trois annexes dans cette convention en fonction des menaces d'extinction pesant sur les espèces. L'annexe I comprend les espèces menacées dont le commerce est strictement interdit. Seuls des cas d'élevage en captivité visant à la sauvegarde de l'espèce ou d'étude scientifique obtiendront des dérogations. Sont cités dans cette partie les grands singes, les lémuriens, les tortues de mer...
Les espèces dont le commerce pourrait entraîner la disparition sont en annexe II (dauphins, loups, loutres...). Leur commerce est très réglementé.
En annexe III figurent les espèces pour lesquelles le pays d'origine a fait une demande spéciale de protection (les morses du Canada par exemple). Elles sont dans ce cas soumises à la réglementation de l'annexe II.

Les sources

Il est important de connaître les désignations des termes « sources » (ou origine de l'animal) qui peuvent modifier les annexes en fonction de la provenance des espèces.
On appelle source W (*wild*), les animaux prélevés dans la nature. Mais ceux qui l'ont été avant la mise en application de la convention ou leur mise en annexe par le pays d'origine, sont en source P (*preconvention*). Ils sont en annexe I (commerce interdit).
La source C (*captive*) comprend les animaux nés et élevés en captivité en deuxième génération dans un élevage reconnu par la convention. Les animaux sont soumis à l'annexe II même si l'espèce est en annexe I. Cela permet le commerce des animaux nés en capti-

Les autres maladies

Même si la transmission de virus ou de micro-organismes est peu répandue, il est intéressant de signaler les cas de la rage et de la leptospirose.
Les animaux éliminent les leptospires dans leurs urines et contaminent ainsi les eaux des marais et des étangs. Les rongeurs (rats) sont les principaux réservoirs. Les égoutiers sont les plus fréquemment atteints, les risques sont importants pour les agriculteurs et les baigneurs en étang. Les symptômes humains sont un ictère et une atteinte rénale.
La leishmaniose est due à un protozoaire, *Leishmania*, présent chez les rongeurs et les chiens. La fréquence de la maladie est plus importante dans le midi de la France. La transmission se fait par un moustique, le phlébotome. Les symptômes sont essentiellement une splénomégalie et une atteinte de l'état général. La maladie peut être mortelle.

Les maladies transmises par les oiseaux

Il existe des maladies transmises par certaines espèces de façon spécifique. Les oiseaux sont dans ce domaine très particuliers et ont des maladies qui leur sont propres.
Ornithose, psittacose : pas de psychose mais de la prudence ! Les pigeons transmettent l'ornithose dont le germe responsable est *Chlamydia psittaci* qui infecte un très grand nombre d'oiseaux, les psittacidés étant plus sensibles. Les volailles sont aussi réservoirs de ce parasite. Les symptômes « humains » sont ceux d'une pneumonie avec fièvre, toux...
Les pigeons peuvent avoir des signes apparents tels une difficulté respiratoire et des écoulements (yeux, nez) mais cette affection passe le plus souvent inaperçue chez l'animal.
Le mode de transmission est aérien. L'inhalation de poussières de déjection est à l'origine de la contamination. Il est évident que les amateurs de perruches sont plus exposés aux risques de transmission.
Le pigeon peut transmettre des salmonelles, et des campylobacters responsables de troubles digestifs chez l'homme. Le vecteur est dans ce cas l'eau, ou les aliments contaminés.

Pour éviter des transmissions possibles, l'hygiène de l'habitat des NAC doit être parfaite. La cage doit être changée régulièrement et nettoyée à fond.

Les animaux mordeurs et griffeurs

Il n'y a pas que les animaux agressifs qui mordent. Il faut apprendre aux enfants à se méfier de tous. Les morsures et griffures sont les « zoonoses » les plus fréquentes, les plus douloureuses. De plus, elles masquent souvent des infections et ce sont les jeunes maîtres qui en sont victimes.
Les griffures provoquent des infections à retardement.
La pasteurellose se transmet par morsures et griffures car le germe est localisé dans la cavité buccale et dans les voies aériennes des animaux qui sont porteurs sains. Elle entraîne une surinfection des plaies. Sans traitement, elle peut provoquer une septicémie.
Les morsures entraînent des cicatrices et des dégâts immédiats. Les risques d'infection sont très importants.
Il faut absolument apprendre aux enfants à tenir un animal, à ne pas le déranger quand il dort. En cas de morsure ou griffure, la plaie doit tout de suite être nettoyée au savon de Marseille puis être désinfectée.

Les oiseaux transmettent des maladies qui leur sont spécifiques (© Hermeline/Cogis)

Les dangers des NAC pour l'homme

Les zoonoses, maladies transmissibles naturellement des animaux à l'homme, ne sont pas toutes aussi dangereuses que la rage, certes la plus connue. Il en existe de moins spectaculaires mais beaucoup plus facilement transmissibles. Les enfants sont souvent les premières victimes par leurs contacts proches et fréquents avec les animaux de compagnie.
Certaines zoonoses sont communes à tous les animaux domestiques, d'autres sont spécifiques à une espèce.

Les problèmes de peau sont de loin les plus fréquents et tous les animaux de compagnie s'en partagent la responsabilité.

Les rongeurs sont souvent vecteurs de mycoses (© Hermeline/Cogis)

Les mycoses

La teigne est de loin la plus répandue. L'agent responsable est le plus souvent *Microsporum.*
Ce sont essentiellement les rongeurs (et les chats) qui sont vecteurs de ce champignon. Chez l'homme, cela se présente sous forme de plaques rondes sur la peau (souvent les avant-bras et le cou).
Un liséré rouge entoure la lésion qui est recouverte de fines « pellicules » blanches et qui démange.
Lorsque le champignon est localisé dans les cheveux, ceux-ci tombent et la dépilation est de forme ronde.
Les rongeurs, le furet et exceptionnellement les oiseaux sont une source de contamination.

La gale

Elle est souvent favorisée par de très mauvaises conditions d'hygiène. Les démangeaisons intenses sont présentes aussi bien chez l'homme que chez l'animal. Chez l'homme, des petits boutons rouges surmontés d'un point noir apparaissent sur tout le corps ainsi qu'un prurit très important. Le cobaye devient une source de contamination de plus en plus fréquente chez les enfants. Mais, chez l'homme, les parasites sont très rarement retrouvés. Le traitement de l'homme passe surtout par celui de l'animal et par l'arrêt des contacts.

Le nez ne doit pas être sale, ce qui pourrait être signe de coryza ou de rhume.
L'arrière-train ne doit être ni souillé ni humide, ce qui pourrait laisser penser que l'animal souffre de diarrhée.
Le ventre doit être souple, vous pouvez le palper entre vos doigts.
La peau ne doit présenter ni croûtes ni perte de poils. Vérifiez aussi l'état des pattes et des griffes.
Le comportement : l'animal ne doit pas fuir à l'approche de votre main, choisissez-le vous-même.

L'oiseau

Les ailes : vous devez pouvoir les déplier, aucune plume ne doit manquer.
Les yeux doivent être parfaitement ouverts.
Les pattes doivent être lisses.
La respiration doit être normale.

Le poisson

Il doit être vif dans l'eau.

Le reptile

Il doit être vif, sans lésion au niveau de la peau.
La respiration doit être normale.
Il ne doit pas présenter un état de maigreur ni de déshydratation.
Les réflexes doivent être rapides.

Les yeux d'un rongeur sont révélateurs de son état de santé (© Lanceau/Cogis)

Le hamster

Vous pouvez le saisir à pleine main et le déposer dans la paume de l'autre main. S'il se montre un peu agressif, la peau du cou derrière la nuque constitue alors une très bonne prise. Cela ne lui fait absolument pas mal.

Hamster doré angora (© Lanceau/Cogis)

Le cochon d'Inde

Il est très facile à saisir une fois « coincé ».
En effet, le plus dur est d'arriver à mettre la main dessus car il se sauve et fait tout le tour de la cage.
Vous le prenez en posant la paume de la main sur son dos et en passant les doigts sous son ventre.

Vous pouvez déposer les hamsters dans la paume de votre main sans aucune inquiétude (© F. Desachy)

Le lapin

Évitez de le prendre par les oreilles, il a tendance à se débattre et peut se faire mal au dos.
Saisissez-le par la peau du cou en tenant les pattes arrière. S'il est très calme, passez une main sous son ventre et l'autre sur son dos.

L'écureuil

Il ne faut pas prendre les écureuils par la queue : la peau est très friable à cet endroit et peut se détacher.
Il faut aussi éviter de les attraper avec la main s'abattant sur eux, cela leur rappelle par instinct un rapace et ils peuvent mordre de frayeur.
Essayez de le faire monter dans votre main tout seul.

Cochon d'Inde (© F. Desachy)

La gerbille

On peut attraper la gerbille par la base de la queue ou avec la main sur son dos en l'entourant de ses doigts.
Elle n'aime pas être sur le dos, ne la retournez pas.

L'habitat

Nous avons déjà évoqué l'importance de l'habitat pour respecter l'équilibre vital d'un rongeur.

La cage

Le volume de la cage est à adapter à la taille de l'animal. Elle doit être placée chez le futur maître dans un endroit calme, sec, aéré, sans courant d'air et à l'abri de la lumière directe du soleil. La litière sera changée une fois par semaine puis la cage sera lavée à l'eau savonneuse durant trois minutes au moins.
Le choix se fait en fonction du mode de vie de l'animal.
L'**écureuil de Corée** préfère les grandes cages (1 x 0,5 x 1 mètre) plus hautes que larges, le terrarium dans lequel il pourra creuser est idéal. Il est préférable de mettre une grosse branche afin qu'il grimpe plutôt que des jouets.
Le **hamster** vit dans des cages rectangulaires classiques (40 x 25 x 25 centimètres). Il peut aussi vivre en terrarium.
La **gerbille** doit avoir une grande cage (supérieure à 15 centimètres) avec un fond sur lequel on peut mettre de la terre pour creuser.
La cage de la **souris** doit avoir des grosses mailles pour éviter qu'elle ne se blesse.
Pour le **cobaye**, une grande cage est nécessaire (80 x 60 x 35 centimètres) à plusieurs pour éviter les disputes.
Pour le **chinchilla**, une cage en hauteur et grande est conseillée (100 x 50 x 50 centimètres).
Le **lapin nain** se contente d'une cage moyenne (60 x 50 x 40 centimètres).
Les **rats** et **souris** peuvent aussi vivre en terrarium.

Tous les rongeurs aiment creuser, le terrarium est donc une bonne solution. Le sol sera composé d'une terre argileuse avec du sable, des graviers, des cailloux, des branches d'arbre et des plantes. Une couche de 2 à 3 centimètres leur permet de creuser suffisamment.

L'emplacement

La température est de 18 à 29 °C dans des conditions naturelles.
L'endroit ne doit pas être en courant d'air, pas trop près du sol ni trop en hauteur.
L'acclimatation de votre animal à sa cage dure de 4 à 7 jours.
Si votre rongeur se sauve, ce qui est souvent le cas des hamsters qui rongent leur cage, cherchez-les à côté d'une source de chaleur : le moteur du réfrigérateur, les canalisations, derrière la cuisinière.

Les jeux sont très importants pour l'équilibre de la souris... (© Français/Cogis)

Les accessoires

Il existe des accessoires utiles à tous les rongeurs et d'autres dont l'usage est spécifique à une espèce.

Les accessoires généraux

La litière

Les principes généraux à respecter sont l'utilisation d'une litière absorbante, qui dégage peu de poussière comme les copeaux de pin blanc. Un papier journal mis sur le fond de la cage facilitera le nettoyage.
Les copeaux, évitant l'humidité, constituent la base, à changer deux à trois fois par semaine pour les lapins à poil courts, cochon d'Inde, souris, hamster. La paille peut être rajoutée sur les copeaux. Attention, le foin est un aliment et non de la litière.
Une litière végétale est à conseiller pour les animaux angoras afin qu'elle n'adhère pas au poil.

Les jouets

Les jeux et cachettes sont très importants. Il existe des modules complets.
L'entretien de ce type de « terrier » est très important pour ne pas laisser se développer des mycoses. Pour les nettoyer à fond, il faut démonter complètement le module et passer chaque élément à la machine à laver la vaisselle.

Les abreuvoirs et mangeoires

Attention à leur positionnement : ni trop haut ni trop bas !
La pipette de boisson s'accroche à la cage à une hauteur accessible au rongeur. Les pipettes sont préférables aux gamelles d'eau car le rongeur salit très vite son eau de boisson.
Les gamelles de nourriture seront accrochées solidement afin qu'ils ne les renversent pas, accessibles mais suffisamment haut pour qu'ils ne fassent pas leurs besoins dedans.

... et pour celui du hamster (© Hermeline/Cogis)

Les abris

Ils sont fondamentaux pour l'équilibre des rongeurs dont certains sont nocturnes. Mettez du coton ou des petits débris de bois afin qu'ils puissent s'installer.

Les accessoires spécifiques

Les bacs à sable

Ils sont très utiles pour les chinchillas, gerbilles et octodons. Vous pouvez mélanger le sable avec du talc (50-50). L'animal se roule dans le sable déposé dans un grand récipient mis au centre de la cage. Ces bains permettent l'élimination de l'excès de sébum de la fourrure.

Les pierres à ronger

Elles sont indispensables, plus particulièrement pour les cobayes et lapins. Ils souffrent parfois de malocclusion. Les dents de chaque mâchoire n'étant pas en contact les unes avec les autres, elles ne peuvent s'user. Elles poussent alors et l'animal ne peut plus s'alimenter.
La pierre lui permet d'user ses dents en les frottant dessus.

TÉMOIGNAGE DE CHRISTOPHE VOISIN

auxiliaire spécialisé vétérinaire de l'institut Bonaparte, soigneur au Jardin des Plantes

« Pour l'habitat, j'ai toujours jugé préférable de fournir à mes rongeurs des cages relativement spacieuses, car il est illusoire de croire que l'on peut laisser un rongeur en liberté pemanente chez soi.
Les petits rongeurs comme les lapins nains apprécient beaucoup d'avoir une petite boîte à leur disposition afin de pouvoir s'y réfugier.
Vous remarquerez que si vous ne leur donnez rien pour se cacher, ils se feront eux-mêmes un petit coin tranquille avec les matériaux dont ils disposent.
Pour la litière, après de multiples expériences, je suis arrivé à trouver une recette de litière qui permet de concilier le confort de l'animal et le vôtre sur le plan olfactif et ce durant une bonne semaine.
Mettez de la litière à chat sur un demi-centimète d'épaisseur au fond du bac de la cage.
Recouvrez de copeaux de cèdre rouge (qui élimine les odeurs d'urine de lapin et souris, fait fuir les parasites et dégage un parfum agréable).
Ajoutez une bonne couche de foin qui sera renouvelée en cours de semaine si nécessaire.
Quelques précautions sont à prendre si vous souhaitez donner un peu de liberté à votre rongeur dans votre maison.
Vérifiez que la pièce ne présente aucune cachette inaccessible, qu'il n'y ait pas de fils électriques.
De toute façon, il faut toujours avoir votre animal sous les yeux.
Le plus important est de fournir à votre rongeur des moyens de distraction. Les balles de tennis sont très appréciées des lapins, les petites peluches conviennent très bien aux rats. »

L'alimentation

Les règles de l'alimentation des rongeurs

Choisissez, pour les repas de tous les jours, des mélanges spécifiques à chaque type de rongeurs : ils sont complets, équilibrés, économiques et adaptés à chacun.

Évitez les légumes et fruits frais qui peuvent entraîner des désordres intestinaux.
Le foin est à donner à volonté pour éviter les fermentations intestinales. Secouez-le bien pour enlever la poussière qui peut être responsable d'allergies et faire éternuer l'animal.
Les friandises sont à donner une fois par

LES PARTICULARITÉS DE CHAQUE ESPÈCE

Espèce	Régime	Particularités	Soins
Lapin	Herbivore	Ingère certaines de ses crottes	Ne pas nettoyer la cage sans arrêt
Chinchilla	Herbivore	Très sensible à l'eau trop chlorée	Attention à la qualité de l'eau
Souris	Omnivore	Sensible aux calculs magnésiens	Attention à la teneur en magnésium de l'eau
Rat	Omnivore	Fait des miettes avec ses aliments	Ne pas nettoyer les miettes
Cobaye	Herbivore	Ne synthétise pas la vitamine C ; fait ses besoins dans son eau	Le supplémenter en vitamine C ; changer l'eau souvent
Hamster	Omnivore	Cache les aliments	Nettoyer les coins de la cage pour éviter que les aliments pourrissent
Écureuil	Omnivore	Aspire pour boire	Mettre des biberons ou des pipettes

Lapin nain (© Hermeline/Cogis)

semaine, et même si l'animal en raffole, elles ne doivent pas constituer le repas.
Il ne faut pas suralimenter votre rongeur car il va rapidement s'intoxiquer. Un petit ramequin à moitié rempli suffit pour les petits rongeurs (rat, souris, cobaye...) et un ramequin plein sera donné aux plus gros rongeurs.
Videz le ramequin tous les jours pour éliminer les écorces des graines et changez également l'eau tous les jours.
Veillez à rationner les cochons d'Inde qui sont sujets à l'obésité.

La dentition

La dentition est l'élément le plus variable en fonction du régime alimentaire.
La formule dentaire fondamentale est la suivante :

3I 1C 4P 3M
3I 1C 4P 3M

Une formule dentaire est toujours exprimée en demi-mâchoire. 3I signifie donc qu'il existe trois incisives sur la moitié de la mâchoire supérieure, il y en a donc 6 en haut et 6 en bas.
Chez les rongeurs la formule est la suivante :

1I barre 0C 1P 3M
1I barre 0C 1P 3M

La barre est une zone de la mâchoire dépourvue de dents. Les rongeurs n'ont donc que deux incisives. Les puristes disent que le lapin n'est pas un rongeur car l'incisive de la mâchoire supérieure est dédoublée. C'est un lagomorphe ou duplicidenté.

Les caprices de chacun

L'écureuil de Corée

Il préfère les grosses graines comme les glands, les noix, les noisettes et les cacahuètes non grillées. Ses fruits préférés sont les pommes, les bananes et les raisins. Il faut mettre de temps en temps des vers de terre, un peu de viande ou des croquettes pour chien.

Le hamster

Il aime le lait ou les jus de fruits (orange ou tomate). Ses graines préférées sont l'avoine, le froment et le tournesol. Il aime aussi les amandes, les noix et les noisettes. Ses fruits favoris sont les poires, les raisins et les bananes. Les biscuits, biscottes ou corn flakes sont pour lui d'excellentes friandises.

La gerbille

Elle aime les graines de froment, d'arachide, ou de maïs. Elle apprécie la verdure : salade, épinard et luzerne ainsi que le pain trempé dans du lait.

La souris

Elle préfère les céréales, les fruits, le pain sec, le fromage, les pâtes et un peu de viande.

Le cobaye

Il adore les pâtées avec du lait en poudre, de la farine d'avoine, de l'avoine, de l'orge et du blé.

La souris est friande de céréales (© Gissey/Cogis)

Les vitamines

Les aliments du commerce sont complets mais il existe des périodes de la vie de l'animal durant lesquelles il a besoin d'un apport supplémentaire en vitamines. Étudions le rôle de chaque vitamine.

La gerbille apprécie la verdure (© Hermeline/Cogis)

Ces rôles sont identiques pour tous les animaux.

Le rôle des différentes vitamines

A :	participe à la vision.
D :	permet la fixation du calcium.
E :	intervient dans la croissance, la peau, la reproduction.
K :	permet la bonne coagulation du sang.
B :	permet le bon fonctionnement du système nerveux.
B12 :	intervient dans la reconstitution du sang.
C :	assure le tonus général.

La synthèse de la vitamine C

Le **cobaye ne synthétise pas cette vitamine** contrairement à tous les autres rongeurs, la supplémentation est donc obligatoire.
Si l'animal manque de vitamine C, sa résistance aux infections sera diminuée. Les besoins en vitamine C sont de 10 milligrammes par kilo et par jour, cette dose est à tripler en période de gestation. La vitamine peut se diluer dans l'aliment ou dans l'eau. Il existe des aliments qui contiennent déjà de la vitamine C.

LA CÆCOTROPHIE

C'est un phénomène fondamental chez le lapin. Le lapin remange certaines de ses crottes qui sont avalées sans être mastiquées. Cela permet de digérer deux fois 80 % de la nourriture.
Les crottes sont ingérées directement à la sortie de l'anus, le matin. Elles sont recouvertes de mucus, donc très molles.
Elles viennent du cæcum (ou gros intestin) et sont très riches en eau, en protéines et en vitamines B, C et K qui ont été fabriquées dans l'intestin à partir des aliments.
La cæcotrophie permet donc de profiter pleinement de ces vitamines qui, sinon, seraient éliminées dans les crottes.
Il ne faut surtout pas empêcher le lapin de faire cela, sinon il souffrirait d'une carence en vitamines.

L'eau

Les quantités d'eau à donner ainsi que sa qualité sont très importantes à respecter. Elle ne doit jamais être trop froide, ce qui entraînerait des diarrhées.
Le **lapin** doit boire de 60 à 120 millilitres par jour, le double pour une femelle gestante. L'abreuvement doit être régulier car s'il boit beaucoup puis plus du tout, il y a risque de diarrhée.
Le **cobaye** doit boire de 60 à 120 millilitres par jour s'il mange des aliments humides, sinon 250 millilitres par jour s'il ne mange que des granulés secs.
Ne pas mettre la vitamine C dans l'eau si celle-ci est trop chlorée.
Le **chinchilla** doit boire de 50 à 100 millilitres par jour. Il résiste facilement à la privation d'eau car c'est un animal qui vit dans le désert à l'état sauvage. Le chinchilla a beaucoup d'odorat donc l'eau ne doit avoir aucun « goût ».
Le **rat** boit 50 millilitres d'eau par jour.
La **souris** boit 5 millilitres d'eau par jour, elle boit surtout la nuit.
La **gerbille** boit 4 millilitres d'eau par jour. Elle boit très peu.
Le **hamster** boit 10 millilitres d'eau par jour.
L'**écureuil** boit de 5 à 15 millilitres d'eau par jour.

TÉMOIGNAGE DE CHRISTOPHE VOISIN

« L'alimentation est une préoccupation fondamentale pour l'équilibre de votre rongeur.
Les aliments préparés sont actuellement parfaits mais rien ne vous empêche d'y ajouter quelques friandises en respectant certaines règles.
Le lapin nain est très friand de foin et apprécie beaucoup un bon morceau de pain dur.
Les légumes frais doivent être lavés et surtout bien séchés. À distribuer une fois par semaine pour ne pas risquer les diarrhées.
Le rat n'est pas un animal difficile à nourrir puisqu'il mange à peu près de tout.
J'ai toujours nourri les miens avec de la nourriture pour hamsters ou des cocktails spéciaux pour petits rongeurs.
Les rats ont des goûts variant d'un individu à l'autre.
Ce qui peut paraître étonnant, c'est leur préférence pour les produits carnés.
Mais le plus grand fléau qui guette votre rongeur est l'obésité et les régimes sont ensuite difficiles. Cela réduit également sa durée de vie. »

La reproduction

Chez la plupart des rongeurs, les testicules subissent une augmentatrion considérable avant la période de reproduction et descendent dans le scrotum alors qu'ils sont en temps normal dans l'abdomen. Après le rut, ils diminuent et remontent dans la cavité abdominale. C'est ainsi qu'en dehors des périodes de chaleur, il n'est pas toujours aisé de faire la différence entre un mâle et une femelle.

Le sexage

De façon générale, la distance entre l'anus et les organes génitaux (pénis ou vulve) est beaucoup plus grande chez le mâle que chez la femelle. Chez le mâle, l'anus et l'orifice du pénis sont pratiquement juste l'un en dessous de l'autre. Chez la femelle les deux orifices sont éloignés d'un centimètre. Il est aussi possible de faire sortir le pénis par une petite pression du doigt. Cela est très facile chez le cobaye. Le rat mâle se reconnaît très bien car les testicules sont parfaitement visibles.

Les chaleurs et l'accouplement

La femelle est, durant cette période, très agitée, parfois agressive et se laisse approcher par le mâle. Un écoulement vaginal blanchâtre peut être présent. Pour mettre un mâle et une femelle en présence pour la première fois, il faut le faire avant l'heure des repas pour créer une diversion. Il faut habituer la femelle à l'odeur du mâle dans la cage, donner un abri pour le plus faible et surtout ne pas les laisser ensemble plus d'une journée.

Il n'existe pas de parade amoureuse spectaculaire. Le mâle poursuit simplement la femelle avec frénésie. Des petits cris se font entendre.

La femelle grossit ensuite et les mamelles se développent.

La mise bas intervient souvent le matin. Il faut penser à mettre les éléments nécessaires à la fabrication d'un nid. Surtout, le mâle ne doit pas être présent car il tue les petits (sauf chez la gerbille et le chinchilla chez qui le mâle est très paternel). Il ne faut pas toucher les petits car c'est alors la mère qui les tuera.

Reproduction chiffrée

Âge de la reproduction

Écureuil de Corée : 11 mois.
Hamster : 2 mois.
Gerbille : 2 mois.
Rat : 2 mois.
Souris : 1,5 mois.
Cobaye : 3 mois.
Chinchilla : 8 mois.

Souris blanche (© Gissey/Cogis)

Saison

Écureuil de Corée : printemps - été.
Hamster : printemps - été.
Gerbille : printemps - été.
Rat : toute l'année.
Souris : toute l'année.
Cobaye : toute l'année.
Chinchilla : de novembre à mai.

Durée de gestation

Écureuil de Corée : 40 jours.
Hamster : 17 jours.
Gerbille : 26 jours.
Rat : 21 jours.
Souris : 21 jours.
Cobaye : 63 à 70 jours.
Chinchilla : 111 jours.

Nombre de petits par portée

Écureuil de Corée : 3 à 5.
Hamster : 6 à 9.
Gerbille : 4 à 5.
Rat : 7 à 8.
Souris : 6 à 12.
Cobaye : 3 à 4.
Chinchilla : 2.

Sevrage

Écureuil de Corée : 2 mois.
Hamster : 3 semaines.
Gerbille : 4 semaines.
Rat : 3 semaines.
Souris : 3 semaines.
Cobaye : 3 semaines.
Chinchilla : 2 mois.

Le diagnostic de gestation

La palpation, si elle permet d'identifier les fœtus, est à éviter car elle provoque souvent des avortements. Les mamelles se développent au 14e jour de la gestation chez les femelles des muridés et au 25e jour chez l'écureuil de Corée. Au 30e jour, les tétines de la femelle du chinchilla deviennent roses et augmentent de volume.

Pour les autres espèces, l'accroissement des mamelles se fait à des dates moins précises, avec parfois un assombrissement des tétines.

La radiographie abdominale peut donner des résultats au 40e jour pour la femelle du chinchilla et au 20e pour celle du cobaye et des autres espèces de rongeurs.

Le fait de peser la femelle peut également servir de diagnostic. Un gain de poids est détectable vers le 50e jour chez le chinchilla,

vers le 9e jour chez les autres rongeurs. Des petits écoulements sanguins vaginaux peuvent survenir dix à treize jours après le coït chez les femelles des gerbilles et des souris.
Le refus du mâle est un des signes principaux de fécondation.
L'abdomen grossit durant le dernier tiers de gestation sauf chez le chinchilla où cela se produit au 60e jour.

La mise bas

Les écureuils prennent, pour fabriquer leur nid, de la laine, du papier, des feuilles. Les femelles chassent les mâles. Le retour en chaleur se fait après la lactation.
Chez le hamster, le part survient la matin pour les primipares et sinon en soirée. Il dure d'une demi-heure à une heure. La femelle ne mange pas pendant une journée. Si le mâle reste, le couple détruira la portée. Sinon la femelle est très maternelle : elle accepte facilement les orphelins et il lui arrive de cacher ses petits dans ses abajoues. Le retour en chaleur se fait vingt-quatre heures après le part ou après la lactation.
La femelle de la gerbille fabrique un nid. Elle se sert de coton, de laine, de papier et de paille. Le mâle est très paternel et reste sans problème avec les petits. Le couple détruira les petits les plus frêles.
La femelle revient en chaleur vingt-quatre à soixante-douze heures après le part. La femelle du rat est très maternelle. Elle retourne en chaleur vingt-quatre à quarante-huit heures après le part ou la lactation.
Les femelles souris sont très maternelles mais doivent être séparées les unes des autres. Une femelle mise en contact avec un mâle à l'approche du part avorte : c'est l'effet Bruce. Le retour en chaleur se fait douze à vingt-quatre heures après le part ou la lactation. La femelle cochon d'Inde est peu maternelle, elle ne construit pas de nid. Le mâle est indifférent aux petits voire hostile. Le retour en chaleur se fait dix à vingt-quatre heures après le part.
Chez le chinchilla, la mise bas se déroule à l'aube et dure d'une demi-heure à trois heures. La femelle ne fabrique pas de nid, il faut chauffer l'endroit et mettre à disposition un abri pour la portée.
Le retour en chaleur se fait en deux à quarante-huit heures.

La croissance des jeunes

Les petits chinchillas pèsent 90 grammes à trois semaines et 120 grammes à cinq semaines. Ils naissent, comme les cobayes, avec

Mère gerbille et son petit (© Hermeline/Cogis)

Mère chinchilla et son petit (© Français/Cogis)

des dents, les yeux ouverts, une fourrure bien développée et sont rapidement très actifs.
Les petits cobayes pèsent 120 grammes à une semaine. Leur squelette est achevé à cinq mois.
Les autres rongeurs font des petits qui naissent sans poils, avec des vibrisses, sans dents et les yeux fermés. Les premiers poils apparaisent vers une semaine à dix jours.
À trois semaines, les petits écureuils marchent et ont une véritable fourrure. Leurs oreilles s'ouvrent et leurs incisives inférieures sortent. Leurs yeux s'ouvrent à quatre semaines.
Les yeux des hamsters s'ouvrent à quinze jours.

L'adoption

L'adoption de petits est fréquente chez les rongeurs mais son succès dépend du degré de maternité de l'espèce.
Elle se réalise en frottant le nourrisson contre un de ses futurs frères ou en mettant sur chacun une goutte d'essence aromatique. L'adoption est facilement réalisable entre les cobayes et les chinchillas.
Pour soulager la femelle, il faut parfois lui retirer ses petits et les mettre dans une boîte à 25 °C.

Particularités

Hamster

Un mâle pour 5 femelles.
Reproduction : printemps-été.
Ne jamais mettre les hamsters en couple pour éviter les agressions.
Laisser la mère tranquille après la mise bas pour éviter les risques de cannibalisme.

Souris, rat

Reproduction toute l'année.
Ne pas mettre des mâles ensemble.

Chinchilla

Reproduction de novembre à mai.
Retirer le bac à sable lors de l'allaitement des petits.

Séparer les adultes des jeunes au moment du sevrage.
Mettre un mâle pour plusieurs femelles.

Lapin nain

Reproduction toute l'année.
Retirer le mâle avant la mise bas car il risque de tuer la portée.

Cobaye

Reproduction toute l'année.
Aucun problème.

Écureuil

Reproduction : printemps-été.
Séparer le mâle avant la mise bas.

Le lapin nain se reproduit toute l'année (© Français/Cogis)

Les pathologies

Il faut tenir compte de la faible espérance de vie de la majorité des rongeurs avant l'achat car les déceptions viennent souvent trop vite face au décès de l'animal.

LONGÉVITÉS MOYENNES DES RONGEURS	
Animal	**Âge**
Lapin	8 ans
Cobaye	5 ans
Chinchilla	13 ans
Rat	3 ans
Souris	2 ans
Hamster	4 ans
Écureuil de Corée	10 ans
Gerbille	4 ans

Il faut savoir qu'un rongeur malade est très difficile à soigner. La prévention des maladies est donc fondamentale. Le rongeur malade reste immobile. Son poil est terne. Il ne mange plus et a tendance à se cacher.
Il faut examiner l'anus pour regarder s'il est souillé par une diarrhée, sa respiration, ses yeux et ses pattes.
Son ventre doit être souple et non gonflé.
Les cochons d'Inde ont souvent des pertes d'équilibre et se couchent de côté ou sur le dos.

Les problèmes essentiels des rongeurs sont les problèmes de peau, les affections respiratoires et les diarrhées. Viennent ensuite les troubles nerveux et les morts subites.

Les problèmes de peau

Les parasites

Les parasites de la peau sont les puces, les champignons entraînant la teigne, les acariens responsables de la gale et les poux.

La perte de poils

Le premier signe d'une affection cutanée est souvent la perte de poils, appelée *alopécie*, puis apparaît ensuite la démangeaison ou *prurit*.
• La teigne entraîne des lésions rondes sans poils, sans démangeaisons, avec de la « poudre » blanche dessus ressemblant à de fines pellicules.
• La gale entraîne des démangeaisons, des croûtes épaisses, des boutons rouges avec un point noir dessus et une dépilation.
• La femelle en fin de gestation perd ses poils car elle se les arrache pour fabriquer son nid.
• Les frottements mécaniques contre la cage entraînent des pertes de poils à un endroit précis.
• Les carences alimentaires et vitaminiques ont pour conséquence une chute de poils diffuse mais permanente.

LE CAS PARTICULIER DU CHINCHILLA

Il connaît un phénomène très spécifique, le « *fur-slipping* ». C'est une perte de poils par touffe liée au stress. La repousse du poil demande ensuite trois mois ! Donc ne stressez pas votre chinchilla ! Il faut faire très attention quand vous le prenez, ne le surprenez pas, annoncez votre arrivée en lui parlant.
Il est aussi victime de pica. Il arrache lui-même ses poils et les mange.

Le chinchilla est très sensible au stress (© Lanceau/Cogis)

Les infections de la peau

Les abcès sont courants chez le lapin et le cobaye. Il se forme une grosse boule molle et chaude remplie de pus.
Une incision de la coque de l'abcès est nécessaire et l'animal sera mis sous antibiotique durant une semaine. Les ulcérations sous les pattes sont dues aux mauvaises conditions d'hygiène, une litière sale et trop humide, une cage non entretenue.

La malocclusion des dents

Cette affection est très fréquente chez le lapin, le cobaye et le hamster. L'animal ne s'alimente plus et bave car ses dents poussent et ne s'usent plus. En effet, les dents des rongeurs poussent et s'usent en permanence grâce aux frottements des mâchoires l'une contre l'autre. Lors de malocclusion, les mâchoires ne sont pas en face l'une de l'autre et les dents, ne se touchant pas, ne peuvent pas s'user. Il faut alors couper les dents avec une grosse pince. Les molaires du chinchilla poussent parfois vers l'intérieur de la joue et peuvent blesser la muqueuse. L'animal ne s'alimente plus et bave énormément. Il faut soigner la plaie. Le foin en permanence lui permet de grignoter sans cesse et évite ce problème.

La pathologie digestive

La pathologie prédominante est la **diarrhée** et le fait que l'animal ne s'alimente plus.

Le traitement des diarrhées consiste à isoler l'animal, le réhydrater en lui donnant régulièrement à boire avec une petite seringue, lui administrer un antibiotique, un pansement intestinal et à le vermifuger.
Attention à l'alimentation fraîche ou au changement brutal de régime alimentaire.

La pathologie respiratoire

Le coryza

Le problème essentiel est le coryza qui peut, non traité, évoluer en bronchite ou pneumonie. Les rongeurs sont très sensibles aux courants d'air et coups de froid.
On le rencontre surtout chez les lapin, cobaye et hamster. Les symptômes sont un écoulement du nez et des yeux, et des éternuements.
Il faut mettre l'animal au chaud et le mettre sous antibiotique.

Demandez toujours l'antibiotique à un vétérinaire car tous les dérivés de la pénicilline sont très dangereux pour les rongeurs.

Les pneumonies

Elles sévissent surtout chez la gerbille et le hamster. L'animal présente des difficultés respiratoires, une toux profonde et ne mange plus.

Les affections de l'œil

Ce sont essentiellement les conjonctivites qui entraînent un écoulement, l'œil est rouge. Cela peut être dû à une allergie à la litière, à la paille, à une bactérie suite à un coup de griffe, à une carence alimentaire en vitamine A. Un collyre anti-inflammatoire durant quelques jours suffit dans la majorité des cas.

Les affections nerveuses

Elles sont très fréquentes chez le cobaye et malheureusement la mortalité est fréquente. Les symptômes sont des troubles de l'équilibre, l'animal penche la tête, tombe sur le côté. La paralysie complète est souvent due à un virus.

La méningite du cobaye

L'animal a des déséquilibres, des tremblements et convulsions et meurt en vingt-quatre heures.

Le torticolis du cobaye

La tête est portée sur le côté. Une otite peut en être la cause.

Les crises d'épilepsie

Chez le chinchilla et le cochon d'Inde, elles sont plus fréquentes que chez les autres rongeurs. L'animal présente des convulsions, perd connaissance. La crise dure dix minutes puis le rongeur reprend ses esprits. Les affections nerveuses sont très dures à traiter, les erreurs d'alimentation sont souvent à l'origine de ces affections par certaines carences alimentaires.

La pathologie de la reproduction

La toxémie de gestation

Cette affection se rencontre chez le cobaye. Dans le dernier tiers de la gestation, l'ani-

Les affections nerveuses sont fréquentes chez le cobaye (© Labat/Cogis)

mal ne mange plus, présente des convulsions et meurt en 2 à 3 jours. Il n'existe pas de traitement. Cette maladie est plus fréquente sur les femelles obèses.

La mortalité des jeunes

Elle est due à de mauvaises conditions d'hygiène ou à des diarrhées.

Le cannibalisme

Ce phénomène est fréquent chez les rongeurs. Un mauvais entretien de la cage peut pousser la femelle à manger ses petits. Le fait de manipuler la portée entraîne son élimination par la mère. Une alimentation carencée en vitamines durant la gestation est aussi responsable de cette attitude. La surpopulation, des femelles trop jeunes, la présence du mâle sont autant de facteurs favorisants.

La myxomatose

La myxomatose sévit essentiellement chez le lapin. Il existe un vaccin à faire dès deux mois. Des rappels tous les six mois sont nécessaires. Elle est due à un virus qui est lui-même transmis par un moustique. Pour lutter contre la myxomatose, il faut donc éliminer les moustiques qui piquent un animal malade et le transmettent à un lapin sain en le piquant. Les symptômes sont des lésions autour des yeux qui gonflent et des lésions croûteuses sur le corps.

TÉMOIGNAGE DE CHRISTOPHE VOISIN

« Envisageons maintenant le comportement des rongeurs et surtout du rat et du lapin nain que je connais particulièrement bien. Les lapins nains sont très intelligents mais aussi très craintifs, il faut donc être patient. La meilleure technique pour bien apprivoiser votre lapin consiste à le prendre avec vous le plus souvent possible en lui parlant doucement et en ayant des gestes calmes et doux. Apportez-lui une petite friandise lorsque vous entrez dans la pièce où se trouve sa cage afin qu'il associe votre présence à un sentiment de bien-être et de plaisir. Une fois apprivoisé, le lapin nain pourra répondre à son nom. Ce sont des animaux parfois nerveux et craintifs. Surtout, tenez-le bien lorsque vous le portez pour éviter toute chute. Lorsqu'il tape du pied sur le sol, cela traduit un sentiment de peur. Si votre lapin est un mâle, sachez qu'il va marquer son territoire en urinant le long des murs ou de votre jambe. Le rat est peu craintif et très curieux. Pour bien l'apprivoiser, il suffit de le prendre très jeune et de l'emmener partout avec vous durant une semaine. Les rats sont très propres et se lavent très souvent.
Les rats sont très joueurs, il faut donc consacrer un certain temps au jeu.
Il ne faut pas vous inquiéter si vous remarquez de petites croûtes rouges autour du nez, des yeux ou sur le dos de votre rat. Dans son milieu naturel, le rat est un animal semi-aquatique et pour rendre sa fourrure imperméable, il l'enduit d'une sécrétion huileuse et rougeâtre qui sort au niveau des yeux et du nez. »

Le lapin ne s'apprivoise pas aussi facilement qu'on pourrait le croire (© Gissey/Cogis)

Les principales espèces et variétés de rongeurs

Les rongeurs décrits ci-dessous ne constituent pas une liste exhaustive mais représentent ceux que vous pourrez vous procurer le plus facilement en tant qu'animaux de compagnie.

© Labat/Cogis

Le chinchilla

Nom scientifique

Chinchilla laniger
Il était auparavant élevé en France pour sa fourrure. Il fait partie de la liste I de la convention de Washington. Cela signifie qu'il est protégé à l'état sauvage. On ne peut donc posséder que des spécimens nés en élevage.
À l'état sauvage, il est gris clair mais il existe actuellement de nombreuses mutations de couleur en élevage (chinchilla tête noire, blanc, beige et gris). Il pèse à l'âge adulte de 400 à 600 grammes.

Comportement

En liberté, le chinchilla vit dans les Andes à 4 000 mètres d'altitude dans des zones sèches et froides. On le trouve au Pérou, au Chili, en Argentine...
Le chinchilla est un animal nocturne, au caractère vif et curieux. Il est très actif le soir. Craintif, il faut l'aborder avec calme et douceur. Il ne supporte pas toujours la vie à deux car les combats sont alors fréquents. Il n'hiberne pas.C'est un animal très propre.

Mode de vie en compagnie

Il a besoin de beaucoup d'espace, une cage de type volière de 180 x 150 x 150 centimètres lui permet d'évoluer librement et de grimper. Il faut mettre des branchages et un abri. Il faut l'équiper de petites planches formant des étages et lui permettant de sauter de l'un à l'autre. La pièce doit être au calme et surtout pas trop chaude. La litière peut être constituée de foin, de sciure ou de litière pour chat. Un bac à sable est indispensable : l'animal se roulera dedans régulièrement, cela gonfle sa fourrure, et permet d'éliminer l'excès de sébum du poil.

Reproduction

Maturité sexuelle : 8 mois.
Période de reproduction : de novembre à mai.
Nombre de petits par portée : 2.
Durée de gestation : 111 jours.
Durée de la lactation : 7 semaines.

Durée de vie

8 à 9 ans en moyenne mais peut atteindre 20 ans. C'est le rongeur de compagnie qui vit le plus vieux.

Maladies principales

Ils sont sensibles aux infections et au coryza. Ils peuvent héberger des parasites de peau (poux, gale, teigne) qui entraînent une perte de poils. Ils sont sensibles comme tous les rongeurs aux troubles digestifs (diarrhée). La température normale est de 36 à 38 °C.
Pour éviter toutes ces maladies, il faut entretenir parfaitement la cage et se limiter à l'alimentation proposée par le vendeur car les changements brutaux ainsi que l'alimentation trop fraîche (fruit, salade) entraînent des diarrhées.

Maître idéal

Adulte car le chinchilla est très affectueux mais reste fragile et supporte mal les manipulations incessantes.

Chinchilla (© Lanceau/Cogis)

Le cochon d'Inde

Nom scientifique

Cavia porcellus
On le nomme aussi cobaye. Il est originaire d'Amérique du Sud.

Comportement

Il est très sociable, aime vivre en couple et peut s'entendre avec des lapins nains. Contrairement à certains rongeurs comme le hamster, il vit le jour. Il mord et griffe très rarement, il est très docile. Il communique par des petits bruits.

Mode de vie en compagnie

La cage doit être grande : 40 x 60 x 50 centimètres minimum, plus s'ils sont plusieurs. Il faut lui mettre des jeux car il est très sensible à l'obésité et doit donc avoir de l'exercice. Il préfère les cylindres aux roues. Il lui faut aussi un abri. Il n'a pas tendance à tout ronger comme certains autres rongeurs. Il n'est donc pas utile d'avoir une cage très résistante. Le bois ou le plastique peuvent convenir. La température ne doit pas être en dessous de 10 °C ni dépasser 30 °C.

Reproduction

Maturité sexuelle : 3 mois.
Période de reproduction : toute l'année.
Nombre de portées par an : 4 à 5.
Nombre de petits par portée : 3 à 4.
Durée de gestation : 63 à 70 jours.
Durée de la lactation : 3 semaines.
Poids à la naissance : 100 grammes.
Détermination du sexe : la distance ano-génitale est deux fois plus grande chez le mâle.

Durée de vie

4 à 5 ans.

Maladies principales

La température normale est de 38 à 39 °C. Il est très fragile sur le plan cardiaque, il faut éviter de le prendre brusquement ou de faire du bruit. Ses dents poussent parfois trop et il ne peut plus manger, il faudra alors les couper. Il est sensible aux affections de la peau, une bonne hygiène de la cage permet de les éviter. Il peut souffrir de cystite ou de pneumonie. Il est très sensible à la carence en vitamine C.

Variétés

Le cochon d'Inde angora, rosette, péruvien...

Maître idéal

Enfant. Animal dépourvu d'agressivité, se prenant facilement et peu fragile.

Cochon d'Inde à rosette (© Hermeline/Cogis)

L'ÉCUREUIL DE CORÉE

Nom scientifique

Tamia striatus (tamia strié)

Comportement

Il vit le jour (diurne), il est très sociable mais préfère vivre seul. C'est un grimpeur et il creuse des terriers.

Mode de vie en compagnie

La cage idéale est une volière de 180 x 150 x 150 centimètres.
La litière doit être végétale. Il est préférable de le laisser sortir de sa cage de temps en temps. Il n'hiberne pas en captivité (dans la nature il hiberne d'octobre à avril).

Reproduction

Maturité sexuelle : 11 mois.
Période de reproduction : printemps-été.
Nombre de portée par an : 4.
Nombre de petits par portée : 3 à 5.
Durée de gestation : 40 jours.
Durée de la lactation : 10 semaines.

Durée de vie

5 à 6 ans.

Maître idéal

Adulte de préférence car ce rongeur n'a qu'un seul maître et il peut se montrer mordeur.

Écureuil de Corée (© Lepage/Cogis)

La gerbille

Nom scientifique

Meriones unguiculatus (mérione de Mongolie). Il existe des gerbilles de couleur et des gerbilles ordinaires.

Comportement

La gerbille est très sociable, facile à apprivoiser. Elle peut être mise en couple (qui est uni pour la vie) ou en groupe. Elle aime creuser des terriers.

Mode de vie en compagnie

Dimensions de la cage : 60 x 30 x 30 centimètres.
La litière : copeaux, sable, sciures de bois. Elle peut être changée tous les 15 jours car les gerbilles boivent peu, urinent peu et ont des crottes sèches.

Reproduction

Maturité sexuelle : 2 mois.
Période de reproduction : printemps-été.
Nombre de petits par portée : 4 à 5.
Durée de gestation : 25 jours.
Durée de la lactation : 4 semaines.
Poids à la naissance : 3 grammes.
Fin de la reproduction : 18 mois.
Détermination du sexe : la distance ano-génitale est deux fois plus grande chez le mâle.

Durée de vie

2 à 4 ans.

Maître idéal

Adolescent ou adulte passionné de biologie. Les gerbilles sont très intéressantes à étudier mais un peu vives pour les câlins.

Une litière de copeaux est l'idéal pour une gerbille (© Hermeline/Cogis)

Une brosse à dents est l'idéal pour l'entretien du poil d'une gerbille (© Hermeline/Cogis)

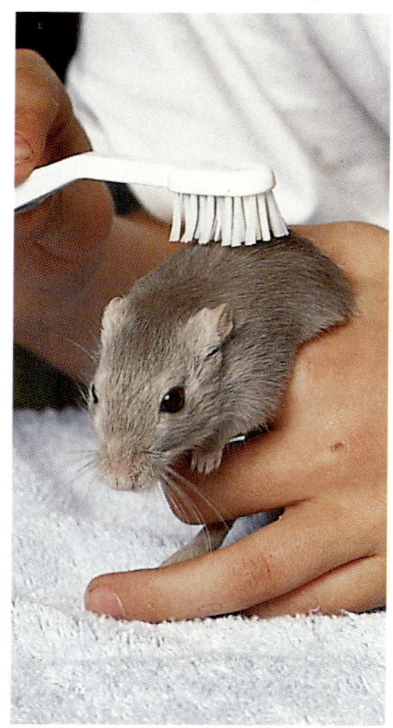

Le hamster

Nom scientifique

Mesocricetus auratus (hamster doré)

Comportement

Il dort le jour et s'active la nuit. Il existe une possibilité d'hibernation si la température se situe sous 10 °C. Il est très fouisseur, il aime beaucoup se cacher. Il préfère être seul ; les femelles attaquent souvent les mâles. Il ne faut pas le déranger quand il dort.

Mode de vie en compagnie

Une cage grande, facile à nettoyer et en métal (sinon il la ronge) convient très bien. La litière sera composée de sciures de bois ou de copeaux. Il adore jouer, il faudra lui mettre des roues, des tunnels... et ne pas oublier des cachettes.

Hamster doré (© Lanceau/Cogis)

Reproduction

Maturité sexuelle : 2 mois.
Période de reproduction : printemps-été.
Nombre de portées par an : 6.
Nombre de petits par portée : 4 à 12.
Durée de gestation : 16 jours.
Durée de la lactation : 3 semaines.
Poids à la naissance : 2 grammes.
Détermination du sexe : la distance ano-génitale est deux fois plus grande chez le mâle.

Durée de vie

2 à 3 ans.

Maladies principales

La température normale est de 37 à 38 °C. Des pertes de poils peuvent se produire par manque de vitamines ou par la présence de parasites (poux, puces...). Il peut avoir la diarrhée et il est très sensible aux affections pulmonaires.
Pour éviter toutes ces affections, il faut lui donner des complexes vitaminés, ne pas mettre la cage dans un endroit froid ni exposé aux courants d'air et ne lui donner de l'alimentation fraîche (salade, fruit) qu'une fois par semaine.

Variétés

Il existe de nombreux types de hamsters : le hamster russe, saphyr, roborosky, angora...

Maître idéal

Adolescent. La reproduction est facile et très intéressante. Pour un enfant, attention au mode de vie nocturne et aux morsures.

Le lapin nain

Nom scientifique

Oryctolagus cuniculus

Comportement

Il vit le jour. Il s'entend très bien avec les cochons d'Inde et s'apprivoise très bien. Il peut vivre un peu en dehors de sa cage.

Mode de vie en compagnie

La cage doit être en longueur. La litière peut être composée de paille, foin, sciures ou même de litière de chat.

Reproduction

Maturité sexuelle : 6 mois.
Période de reproduction : toute l'année.
Nombre de portées par an : 2 à 3.
Nombre de petits par portée : 3 à 4.
Durée de gestation : 1 mois.
Durée de lactation : 3 semaines.
Poids à la naissance : 30 à 40 grammes.

Durée de vie

5 à 7 ans.

Maladies principales

La température normale est de 38 à 39 °C.
Il est très sensible au coryza, à la chaleur qui entraîne des problèmes cardiaques, aux diarrhées dues à une mauvaise alimentation, et à la gale des oreilles. Pour éviter ces pathologies, ne changez jamais son alimentation, surveillez tout écoulement du nez et des yeux et maintenez-le à une température ambiante de 18 °C. Il est sensible à la myxomatose, il existe un vaccin à faire à partir de trois mois.

Variétés

Il existe le lapin nain bélier, à tête de lion, angora...

Maître idéal

L'enfant. Animal très affectueux, pouvant vivre en liberté.

Lapin nain angora anglais (© Français/Cogis)

Le lapin nain de couleur

Il est d'origine hollandaise. Il existe quatre variétés de couleur :
– les unicolores ;
– les agoutis : le tour des yeux, des narines, le dessous du menton, de la queue et du ventre sont de couleur différente de celle du pelage ;
– les variétés avec des marques : les oreilles, le museau et l'extrémité des pattes sont plus foncés ;
– les variétés à dessin qui présentent des figures colorées sur certaines parties du corps.

Autres variétés

Le **lapin nain bélier** : il est originaire de Hollande.
Les petits naissent avec les oreilles dressées.
Elles tombent vers l'âge de deux mois.
Le **lapin nounours**.
Le **lapin angora** : il a une fourrure longue (7 centimètres).
Le **lapin tête de lion**.
Le **lapin nain rex** : il a le poil ondulé.
Le **nain polonais** : il est originaire d'Angleterre.
Il est issu d'un croisement entre un hollandais bleu et un lapin de garenne. Il est albinos.

Couleurs

Il en existe huit :
– chinchilla : le corps est gris cendré avec des reflets bleutés nuancé de noir. Les poils de jarre sont blancs avec les extrémités noires ;
– bicolore ;
– argenté ;
– siamois ;
– martre : la teinte superficielle du corps est marron clair, bleue ou jaune. Les extrémités du corps sont plus foncées ;
– alaska : noir brillant ;
– californien : blanc avec des taches gris-noir sur le nez et les oreilles ;
– garenne : le corps est gris-brun. Le ventre est blanc. L'œil est brun.

Lapin nain bélier (© Hermeline/Cogis)

Le rat

Nom scientifique

Rattus norvegicus
Il peut être blanc ou de couleur.

Comportement

Le rat s'apprivoise très bien, est très intelligent et très joueur. Il est très fidèle à son maître. Il est plus actif le jour que la nuit.

Mode de vie en compagnie

Le grillage de la cage doit être très fin car le rat risque de s'accrocher les pattes dedans. La litière est composée de copeaux, il est préférable d'éviter les sciures. Un abri et des roues ou autres jeux sont nécessaires.

Reproduction

Maturité sexuelle : 2 mois.
Période de reproduction : toute l'année.
Nombre de portées par an : 6 à 8.
Nombre de petits par portée : 7 à 8.
Durée de gestation : 21 jours.
Durée de la lactation : 3 semaines.

Durée de vie

3 ans.

Maladies principales

La température normale est de 37 à 38 °C. Il est surtout sensible aux problèmes de peau et aux affections respiratoires. Il faut donc une très bonne hygiène de la cage et éviter les courants d'air ou sources de froid.

Maître idéal

Tous. Animal très affectueux.

Rat blanc (© Damman/Cogis)

Le rat est un animal de compagnie très affectueux (© Damman/Cogis)

La souris

Nom scientifique

Mus musculus
Elle peut être blanche ou de couleur.

Comportement

La souris est nocturne, parfois farouche. Plus elle est jeune, plus il est facile de l'apprivoiser. Il est préférable de l'élever seule.
C'est le plus joueur des rongeurs.

Mode de vie en compagnie

La cage doit au minimum faire 30 x 20 centimètres et doit être plus grande en cas de reproduction. Elle aime les échelles et les trapèzes.
La litière doit être composée de copeaux, il est préférable d'éviter les sciures.

Reproduction

Maturité sexuelle : 1,5 mois.
Période de reproduction : toute l'année.
Nombre de portées par an : 4 à 8.
Nombre de petits par portée : 7 à 10.
Durée de gestation : 21 jours.
Durée de la lactation : 3 semaines.
Poids à la naissance : 1,5 gramme.

Durée de vie

2 à 4 ans.

Maladies principales

La température normale est de 37 à 38 °C. Elle est très sensible aux maladies de peau. Une bonne hygiène de la cage permet de les éviter.
Il faut la protéger du froid car elle est sujette aux pneumonies surtout chez les jeunes animaux.

Maître idéal

Enfant. Elle peut remplacer un désir de hamster car elle vit le jour et n'est pas agressive.

Souris blanche (© Testu/Cogis)

Panier de transport d'une souris (© Hermeline/Cogis)

Les oiseaux

© Hermeline/Cogis

La contention

Il faut que le propriétaire sache examiner son oiseau pour détecter les premiers signes pathologiques et savoir si une visite chez le vétérinaire s'impose. Il doit aussi pouvoir le changer de cage. La façon de tenir un oiseau dépend de ses moyens de défense. Les premières règles pour tenir un oiseau sont les suivantes :

• Il faut éteindre la lumière de la pièce lors de la saisie de l'animal, les oiseaux sont très excités par une lumière trop forte en situation de stress. Vous pouvez éventuellement mettre la main ou un chiffon sur les yeux.

• S'il utilise son bec comme les « becs crochus », il faudra s'en protéger (pour les gros oiseaux, il est parfois nécessaire de leur lier le bec) ; si ce sont ses griffes les plus dangereuses, on le tiendra différemment en maîtrisant les pattes. La taille implique aussi des contentions différentes.

• Les petits oiseaux se prennent à pleine main en tenant leur tête entre le pouce et l'index, avec les ailes repliées sur le corps.

• Les oiseaux dont le bec est puissant sont à saisir avec des gants.
Si les pattes de l'animal représentent un danger, elles seront saisies avec une main, doucement, car elles peuvent se casser facilement et les ailes seront tenues contre le corps de l'autre main. Pour certains spécimens, il est évident qu'il faudra deux personnes, une qui tient l'oiseau et une autre qui l'observe.

• Pour rattraper un oiseau qui s'est sauvé dans la pièce, il est inutile de courir après, il risque de s'épuiser. Il faut le laisser se poser quelque part puis jeter une serviette-éponge dessus et récupérer le tout délicatement en recouvrant l'oiseau de la serviette, remettre ensuite l'oiseau dans sa cage et le ressaisir. Vous pouvez aussi utiliser une petite épuisette.

Perroquet gris du Gabon (© Français/Cogis)

L'habitat

Les futurs acquéreurs n'ont pas toujours conscience de l'importance des paramètres vitaux des oiseaux.
La température, l'exposition à la lumière, le respect du rythme de l'animal sont pour eux des mystères. Nous insistons à nouveau sur ces notions.

Le choix de la cage

La forme de la cage est fonction du mode de vie de l'oiseau.
Les cages en hauteur sont adaptées aux oiseaux dits grimpeurs.
Pour les perruches, perroquets, il faut une cage haute à barreaux horizontaux.
Pour les oiseaux qui volent (canaris, exotiques), il faut une cage plus allongée que haute car les oiseaux ne volent pas de bas en haut mais de droite à gauche.
Les cages rectangulaires sont préférables aux cages rondes dans lesquelles l'oiseau ne peut trouver aucun coin pour se réfugier.
Il se sent toujours exposé au regard de l'homme et des troubles de comportement peuvent apparaître.
Les nids et autres accessoires sont aussi à choisir en fonction du mode de vie (corbeille, tronc d'arbre...).
Il faut souligner l'importance des bacs de bain.
Mais une « piscine » n'est pas nécessaire. La profondeur de l'eau doit être de 1,5 à 3 centimètres. L'emplacement de la cage est important.

L'emplacement

Éviter les courants d'air.
Éviter la lumière directe du soleil.
Placer la cage en hauteur si vous avez chats ou chiens.
Éviter les fumées (cuisine, cigarette...).
Trouver une pièce à température constante.

Les accessoires

Leur importance pour l'équilibre de l'animal est peut être encore plus grande que chez les rongeurs. Ce sont les perchoirs, les nids, les jouets, les abreuvoirs, mangeoires et baignoires. Tous sont spécifiques d'un type d'oiseaux.

Le perchoir

Il est caractérisé par sa forme et sa taille. L'oiseau doit pouvoir le saisir facilement avec ses griffes mais il ne doit pas non plus être trop petit car il se crispe dessus et les tendons se durcissent. L'idéal est d'installer quelques perchoirs d'une taille correcte pour l'oiseau et d'autres de tailles différentes pour reproduire les variations de diamètre des branches d'arbre. Son diamètre doit être adapté aux pattes de l'oiseau : 1 centimètre pour un canari, 4 centimètres pour un perroquet par exemple. Certains sont en bois, d'autres en plastique, certains ronds, d'autres carrés. Ils sont à changer souvent pour les becs crochus qui les dévorent !

Le nid

Sa forme doit se rapprocher le plus possible de celle du nid que l'oiseau fabrique lui-même dans la nature. Vous devez donc acheter un nid spécifique de l'espèce que vous souhaitez faire reproduire. Une petite corbeille est destinée aux canaris. Une grosse corbeille pour les colombes, tourterelles et mainates. Un tronc creux pour les perruches. Un nid en osier fermé pour les diamants et moineaux. Une petite boîte pour les paddas. Une grosse boîte pour les agapornis et perroquets. Une boîte haute pour les perruches de Bourke. Vous devez également proposer à votre oiseau le nécessaire pour garnir l'intérieur de son nid. Il existe également des porte-nids permettant d'accrocher le nid à la cage. Pour les canaris et exotiques, du fil de coco est utile. Pour les perruches et perroquets, il faut des copeaux de bois. Les agapornis aiment le foin et les branches.

La baignoire

Une petite baignoire conviendra aux canaris et exotiques. Il faut prévoir une grande baignoire pour le perroquet.

MILIEU DE VIE DES OISEAUX

La cage

Colombes diamants (© F. Desachy)

Plus la cage sera grande et moins il y aura de surpopulation, plus les oiseaux seront équilibrés et en bonne santé. Pour les oiseaux pesant moins de 50 grammes, les dimensions minimales sont de 60 x 60 x 30 centimètres. Pour les oiseaux pesant plus de 200 grammes, les dimensions minimales sont de 120 x 60 x 60 centimètres. En ce qui concerne les psittacidés, la cage doit leur permettre de grimper et de s'accrocher. Les oiseaux doivent pouvoir étendre leurs ailes sans se blesser. Quel que soit l'oiseau la cage doit être en métal et le fond amovible.

L'emplacement

Les cages doivent être placées :
- en hauteur, en pleine lumière mais pas directement exposées au soleil ;
- à l'abri des courants d'air ;
- dans une pièce à température modérée et constante.

Une volière extérieure

Elle doit absolument être placée à l'abri du vent avec une exposition sud. Elle ne doit pas mesurer moins de 2,70 mètres de long et 1 mètre de large. Elle doit posséder un abri intérieur et un accès de sécurité.

Les accessoires

Leur emplacement doit leur éviter d'être salis par les déjections des oiseaux. Ils doivent se nettoyer facilement, être résistants et non toxiques pour les oiseaux.
Les perchoirs doivent être adaptés à la taille des pattes des oiseaux.
Il est intéressant de mettre des barreaux de toute taille.
Les accessoires doivent reproduire au mieux le milieu naturel sans danger pour l'oiseau.

L'abreuvoir

Il est en forme de tube à accrocher à la cage pour tous les oiseaux sauf pour les becs crochus qui ne peuvent pas boire dans ce type de récipient trop étroit et pour lesquels l'abreuvoir a la forme d'une mangeoire.

Les jouets

Il existe de nombreuses variantes mais chaque type d'oiseau a ses préférences. Les becs crochus préfèrent les miroirs, clochettes, et échelles. La perruche ondulée aime les balançoires, échelles et barres horizontales. Le canari aime les perchoirs en bois, le perroquet aime les gros perchoirs et les cordes et les petits oiseaux exotiques affectionnent les balançoires.

L'entretien

L'hygiène et l'entretien de la cage sont fondamentaux pour la bonne santé de l'oiseau. La facilité de ces deux étapes conditionne leur régularité et leur efficacité. Un fond de cage se retirant facilement est le garant d'une bonne hygiène. La cage est à nettoyer à fond une fois par semaine et à entretenir tous les deux jours. Il faut vider les mangeoires, changer l'eau. Mélangez une fois par semaine de la poudre antipoux au sable de fond de cage.

Une volière et un élevage pour débuter

Vous pouvez commencer par acheter un couple d'oiseaux et « expérimenter » ainsi vos capacités à résoudre les différents problèmes. Vous pourrez ensuite mélanger quelques espèces dans une cage plus grande puis entreprendre la réalisation d'une véritable volière d'intérieur ou d'extérieur. Si vous souhaitez entreprendre rapidement un élevage et une reproduction assurée choisissez parmi les oiseaux suivants : canari, diamant mandarin, moineau doré. Évitez de mélanger deux couples car les disputes sont fréquentes en période de reproduction.
Si la reproduction n'est pas votre principal objectif, vous pouvez acquérir des tourterelles, des paddas ou des cardinaux. Faites très attention lors de l'introduction de nouveaux oiseaux dans votre volière, il existe un temps d'adaptation nécessaire pour que chacun accepte l'autre. Essayez de faire cohabiter des oiseaux qui ont le même mode de vie. Le mélange becs crochus-oiseaux exotiques n'est pas très heureux. La volière doit être suffisamment grande pour que chaque oiseau puisse avoir un territoire. La surpopulation entraîne bagarres et maladies.

UNE VOLIÈRE POUR DÉBUTER

L'habitat

Commencez par acheter une volière de 3 mètres sur 2 mètres et de 2 mètres de hauteur.
Installez des nids de tailles et formes différentes, des mangeoires et abreuvoirs sur toutes les parois, des perchoirs de diamètres différents.

Les oiseaux

Voici les oiseaux que vous pourrez acheter :
– des diamants mandarins en couple (ils vous permettront d'avoir des nichées fréquentes) ;
– deux couples de moineaux du Japon ;
– un couple de cordons bleus ;
– un ou deux couples de becs de corail ;
– des tourterelles diamants ;
– des cailles qui vivront sur le sol.

Moineaux du Japon (© F. Desachy)

L'alimentation

Il existe une alimentation de base donnée tous les jours et des compléments et friandises à proposer ponctuellement. La corrélation entre l'alimentation et la pathologie est très importante chez les oiseaux. Les erreurs alimentaires sont courantes de la part des propriétaires par manque d'information et de connaissances. De plus, les graines proposées ne sont pas toujours suffisamment équilibrées en vitamines, protéines et calcium. Santé et alimentation sont étroitement liées.

L'alimentation de base

Elle est différente selon les régimes alimentaires des oiseaux.

Les granivores (perroquets, perruches, canaris, bengalis...)

Ils se nourrissent de céréales et de graines. Des préparations spécifiques à chaque type d'oiseaux sont prévues. Elles sont constituées d'un mélange de graines. Mais les maîtres peuvent aussi choisir un menu grâce à des sachets de graines non mélangées. Vous pouvez donc mélanger vous-même certaines graines. En effet, les oiseaux ont tendance à choisir dans les mélanges les graines plus grasses (tournesol...) qui peuvent entraîner des hépatites. Les graines vendues en vrac sont du millet blanc ou roux, de la navette, du lin, de l'alpiste, du chènevis, du tournesol et de l'avoine. Les canaris sont friands d'alpiste et de lin, les oiseaux exotiques mangent du millet, les perruches aiment le millet et l'alpiste ainsi que les grandes perruches.

Les frugivores (perroquets, mainates...)

Ils mangent, en captivité, des fruits déshydratés (pomme, orange) présentés sous forme de petites baguettes.

Les insectivores (passereaux, rossignols, mainates...)

Ils se nourrissent avec des pâtées pour insectivores à base de fourmis, de vers de farine, de crevettes séchées.

LÉGUMES ET FRUITS POUVANT ÊTRE DONNÉS AUX OISEAUX

Les légumes

Chicorée : la feuille peut être donnée entière, hachée ou dans la pâtée.
Pissenlit : feuilles entières ou hachées.
Chou : feuilles.
Épinards : feuilles.
Laitue : feuilles, attention à ses vertus laxatives.
Carottes : en morceaux ou râpées.

Les fruits

Pomme : en quartier.
Citron : gouttes dans l'eau.
Figue sèche.
Datte.
Kiwi.

Les nectarivores (colibris...)

Ils ont besoin de nectar.

Les compléments

Les protéines, minéraux et vitamines sont indispensables à la reproduction des oiseaux. S'ils viennent à manquer, les œufs et oisillons présentent de nombreuses affections. Les coquilles trop molles sont dues à une carence en calcium ainsi que les rétentions d'œufs. Un manque d'apport en vitamine E entraîne des troubles nerveux et une paralysie chez les oisillons. Des carences en calcium entraînent des faiblesses du squelette et des malformations chez les jeunes. Un manque de protéines est à l'origine d'une forte mortalité dans les couvées. Il faudra donc en début de période de ponte supplémenter la ration en vitamine E, en lait, œuf et calcium (coquille d'huître). Les troubles de croissance tel le rachitisme sont fréquents chez les psittacidés. Les animaux se cassent les pattes très facilement, les articulations sont gonflées et l'animal perd souvent l'équilibre. Le bec est parfois mou. Une carence en calcium et en phosphore est à suspecter.

Les pâtées colorantes

Elles améliorent la coloration des plumes mais ne colorent en rien un oiseau d'une couleur dans une autre.

Les os de seiche

Ils apportent les sels minéraux nécessaires à l'équilibre de l'oiseau adulte.

Les pâtées d'élevage

Des pâtées d'élevage sont à donner après la naissance des oisillons.

Les vitamines

Ce sont des mélanges vitaminés à base de vitamine B6, B12, A, E... à donner durant les périodes de reproduction et de ponte (voir le chapitre sur la reproduction). Durant la mue, les oiseaux ont besoin de protéines contenues dans des pâtées à l'huile de foie de morue. Il ne faut pas la verser sur les graines car elle s'oxyde facilement. Il ne faut pas oublier le gravier nécessaire à leur digestion.

Diamant mandarin (© Lanceau/Cogis)

OÙ TROUVER LES ÉLÉMENTS INDISPENSABLES

Protéines : jaune d'œuf, viande.
Lipides : graines grasses.
Sels minéraux : os de seiche, gravier.
Vitamine A : chou, chicorée, carotte.
Vitamine B : céréales, germes, œufs.
Vitamine C : kiwi.

Les intoxications alimentaires

Il existe des intoxications alimentaires dues à un excès de nourriture ou à des erreurs alimentaires. La suralimentation des oiseaux en captivité peut être considérée comme une intoxication chronique. Les oiseaux font souvent les difficiles et ne mangent que ce qu'ils aiment en grande quantité. Comme ils ne font pas beaucoup de sport, l'obésité les guettent et c'est le foie qui en subit les conséquences. L'oiseau présente alors un mauvais état général : il est en boule, a des troubles digestifs, des diarrhées puis il maigrit, respire mal et meurt. C'est une surcharge hépatique fréquente chez les oiseaux nourris avec des graines de tournesol. Le maître ne doit pas céder aux caprices de l'oiseau.

La reproduction

La reproduction des oiseaux passe, contrairement aux mammifères, par la réalisation d'un œuf. L'activité sexuelle est saisonnière. Cette alternance repos-activité sexuelle est surtout contrôlée par la lumière.

Les durées d'incubation de quelques oiseaux

Caille : 16 à 21 jours.
Tourterelle : 14 à 16 jours.
Lori tricolore : 24 jours.
Perruche calopsitte : 22 jours.
Cacatoès : 30 jours.
Perroquet gris : 28 jours.
Inséparables : 23 jours.
Perruche ondulée : 18 jours.
Colibri : 11 à 16 jours.
Canari, bengali, diamant, tisserin : 10 à 15 jours.

Tourterelle rieuse
(© Lanceau/Cogis)

CARACTÉRISTIQUES DES PRINCIPALES ESPÈCES				
Espèce	**Incubation (en jours)**	**Nombre d'œufs**	**Sevrage (en jours)**	**Nid**
Petits exotiques	12 à 14	3 à 8	14 à 20	Panier en osier
Canari	10 à 15	2 à 6	28 à 30	Nid en coupe
Perruche ondulée	18	4 à 8	23 à 27	Boîte nichoir
Calopsitte	22	3 à 6	28 à 32	Boîte nichoir
Amazone	24 à 26	2 à 4	45 à 60	Boîte nichoir
Gris du Gabon	26 à 28	2 à 4	50 à 65	Tronc d'arbre

Cacatoès (© Français/Cogis)

Le cycle sexuel

Le mâle

Chez les oiseaux, l'appareil génital mâle est composé de deux testicules situés dans l'abdomen.
Le pénis est rudimentaire sauf chez le canard, par exemple.
La formation des spermatozoïdes par les testicules dure trois semaines, puis ils transitent dans le cloaque.
Le développement des testicules varie en fonction des saisons.
L'augmentation de la durée d'éclairement au printemps stimule l'activité sexuelle.

La femelle

Les femelles possèdent un seul ovaire, à gauche. L'activité sexuelle est également contrôlée par la lumière.

La formation de l'œuf

L'œuf comporte plusieurs éléments :
– le vitellus ;
– l'albumen ;
– la membrane ;
– la coquille.
Le vitellus se forme avant l'ovulation, il est formé de 49 % d'eau, 16 % de protéines et 33 % de lipides.
Le vitellus est fabriqué dans le foie.
La coquille se forme dans l'utérus où l'œuf reste de deux à vingt-deux heures. Le calcium est l'élément principal.

Le sexage des oiseaux

La reconnaissance des mâles et des femelles, c'est-à-dire le sexage, est la première étape pour la reproduction ou pour choisir un couple lors de l'achat. Le plumage est souvent un très bon indicateur (surtout en période de parade) ; il faut parfois se fier à la taille, à l'examen du bec ou même de l'iris. Le comportement est primordial.
L'erreur courante à éviter est de confondre une femelle avec un jeune encore immature.
Voici quelques indications qui vous aideront dans la détermination du sexe de vos oiseaux :
– chez les mandarins, le mâle a la joue rouge et pas la femelle ;
– la caille de Chine mâle a un collier blanc ;
– les couleurs du diamant de Gould mâle sont plus vives que celles de la femelle ;
– le canari mâle a l'abdomen en pointe alors que chez la femelle il est plus court.
On reconnaît aussi le sexe de certains oiseaux en touchant l'os pelvien mais demandez de préférence à un connaisseur de faire cette manipulation.
Pour les becs crochus, les mâles sont souvent plus colorés que les femelles ou ont un « détail » en plus : croupion rouge, collier...

L'élevage et la reproduction des oiseaux

Il faut essayer d'avoir plusieurs couples afin de ne pas les épuiser et, comme dans tous les élevages, il faut supplémenter les animaux en début de saison de ponte (printemps) ou même commencer en hiver et ne pas attendre que les pathologies surviennent. L'essentiel est un apport en calcium, sous forme de poudre, de vitamines (gouttes) et de protéines.
Lors de la reproduction, les besoins en énergie de l'oiseau augmentent considérablement. L'apport en acide gras, en calcium, en protéines et en diverses vitamines, notamment D, doit être augmenté de 10 à 20 %.
Il est important de savoir que la ponte est déclenchée par une augmentation de la durée de l'exposition à la lumière et par des conditions de stress minimales.
Le plus important est de respecter l'espace de vie des oiseaux. L'habitat doit être parfait en fonction de l'espèce.
La saison de reproduction est également primordiale.
Il ne faut pas faire reproduire trop tôt.
Si l'on ne sépare pas les mâles des femelles, les oiseaux peuvent pondre en hiver et les oiseaux naissant à cette période ne résistent pas au froid. Il est donc important de séparer mâles et femelles hors période de reproduction.
Il est également important de respecter la maturité sexuelle des oiseaux (voir les fiches par espèces).

Les problèmes de reproduction

La rétention d'œuf est assez classique. La femelle paraît perdue, elle va dans son nid puis ressort, se met en boule. Cela peut conduire à la mort. Le diagnostic très précis peut se faire avec une radio. L'œuf étant entouré d'une coquille, il est bien visible.
Il est possible de mettre la femelle au-dessus d'un bol d'eau bouillante afin de l'aider à pondre (avec beaucoup de précautions). La chaleur permet parfois de dilater le conduit par lequel l'œuf sort. L'œuf est tout simplement trop gros. Une césarienne est possible dans les cas extrêmes ! L'obésité des oiseaux est un facteur prédisposant à ces difficultés. Lors d'une ponte longue et compliquée, on peut observer une petite proéminence. C'est l'oviducte qui ressort.
On peut essayer de le remettre en place avec un instrument très fin enduit de graisse mais certaines lésions sont irréversibles (inflammations).
La coquille peut présenter de nombreuses anomalies. Elle peut être inexistante ou trop molle. C'est une carence en calcium qui en est à l'origine. L'œuf peut aussi présenter des infections (salmonelles, pseudomonas...).
Les oisillons sont parfois victimes de malformations ou d'une mortalité importante. Un manque de vitamine E provoque une mort des embryons dans l'œuf. Ils peuvent présenter des troubles nerveux ou de la locomotion. Un manque d'apport en protéines chez les reproducteurs entraîne une mortalité très élevée des jeunes.

Vous pouvez être obligé de nourrir les jeunes. Voici une « recette ».
Le plus pratique est d'utiliser une seringue (sans aiguille !) pour faire manger l'oisillon. La pâtée sera très liquide au début puis en ajoutant des graines écrasées, elle se rapprochera progressivement du repas de l'adulte.
Il est préférable de la leur donner un peu chaude. Pendant la première semaine, les parents sécrètent une nourriture spéciale pour les jeunes : le lait de jabot.
Vous pouvez le reconstituer en utilisant des farines pour bébés et en ajoutant des vitamines en gouttes et du lait. Les oisillons ont parfois besoin de nourriture fraîche.
N'hésitez pas à fournir aux parents des vers ou des insectes.

INCIDENTS

Signes	Causes
Œufs à terre	Femelle trop jeune ; nid pas adapté ; mâle trop présent
Pas de coquille	Femelle trop jeune ; manque de calcium
Pas d'éclosion	Mâle trop jeune ; deux femelles
Abandon de nichée	Femelle trop jeune ; mâle trop présent

Chez les becs crochus, les mâles sont souvent plus colorés que les femelles (© F. Desachy)

Les pathologies

LES SIGNES D'UN OISEAU MALADE

- plumage ébouriffé ;
- oiseau en boule ;
- peau sans plumes ;
- manque d'appétit ;
- respiration difficile ;
- soulèvement de la queue ;
- somnolence ;
- toux, éternuements ;
- modification du chant ;
- enduit au niveau de la bouche ;
- vomissements ;
- déglutition difficile ;
- diarrhée ;
- allongement du bec.

Diamant mandarin (© Lanceau/Cogis)

Ce sont les psittacidés les plus fragiles. Les affections des oiseaux sont essentiellement digestives, cutanées, respiratoires et il existe quelques troubles de la reproduction que nous avons déjà évoqués.

La pathologie est d'autant plus complexe que la majorité des oiseaux qui meurent le font très brutalement et souvent une autopsie est nécessaire.

Quelques indications médicales

Le plumage ébouriffé exprime des affections digestives, respiratoires ou des problèmes de mue (mue « molle »).

Une peau sans plumes est le signe de mues dites partielles, de picage (par l'oiseau lui-même ou par un autre), de stress (transport), de déséquilibres endocriniens (sexuel). Les parasites des plumes (gales, tiques, poux, teignes) provoquent la chute des plumes.

Le manque d'appétit provient d'une affection digestive.

Une respiration difficile se traduit par l'ouverture du bec, l'oiseau semble bâiller, on observe la présence de bruits comme des sifflements.

La frayeur peut aussi causer ce trouble mais, dans ce cas, le calme revient très rapidement. Si l'animal a toujours des symptômes au bout de quelques minutes, il s'agit d'une affection respiratoire.

Le soulèvement de la queue avec un rythme régulier se remarque surtout quand l'animal

est perché. Il est signe d'une affection respiratoire, d'un animal qui est dans un endroit surchauffé ou d'un animal qui a peur (la normale revient alors très vite). La somnolence dont le signe est une prostration de l'animal avec les yeux fermés, la toux, des éternuements ou une modification du chant indiquent une affection respiratoire.
Les vomissements sont dus à la candidose, au stress, à la fermentation des aliments qui entraîne l'acidité du jabot ou l'occlusion du jabot avec des graines non décortiquées. Une déglutition difficile ou une régurgitation peuvent être normales pour nourrir les petits avec du lait de jabot mais elles peuvent aussi être provoquées par des parasites intestinaux (helminthes).
La diarrhée est engendrée par les entérites, une mauvaise alimentation, un changement brutal d'alimentation, le stress, une insuffisance hépatique ou une tumeur abdominale.

Les affections respiratoires

Une respiration avec du bruit, un écoulement au niveau du bec, des éternuements, un larmoiement des yeux, la bouche ouverte sont des signes d'affection dites « hautes » comme les rhinites et sinusites ou les laryngites, trachéites et bronchites qui sont dues à des bactéries, un virus (variole aviaire), ou à des parasites (acarioses respiratoires, syngamose : nématodes présents dans la trachée par exemple). Il faut nettoyer les écoulements au niveau des narines et des yeux et faire un traitement contre la cause : parasites, bactéries. Les infections dites « profondes » (pneumonies) sont souvent bactériennes (staphylocoques, pseudomonas...). Le stress est un facteur favorisant.

LES SIGNES D'UNE AFFECTION RESPIRATOIRE CHEZ LES OISEAUX

- Respiration accélérée : l'oiseau semble essoufflé au repos.
- Soulèvement de la queue : si la queue se soulève alors que l'oiseau est au repos, il faut s'inquiéter.
- Respiration difficile : l'animal ouvre alors le bec.
- Plumage ébouriffé.
- Respiration bruyante : les yeux coulent, le nez coule et l'on entend un sifflement.
- Changement du chant : surtout chez les perruches.

Les affections digestives

Elles sont surtout dues à des parasites. La trichomonose provoque la présence d'un magma épais dans la bouche. La candidose est un développement anormal de *Candida* (présente dans le tube digestif) qui entraîne la fabrication d'un enduit crémeux (appelé muguet).
La constipation existe chez les oiseaux nourris avec trop de jaune d'œuf. Il faut dans ce cas utiliser de l'huile de paraffine et donner de la verdure. La diarrhée est la principale affection digestive des oiseaux qui peuvent abriter de nombreux parasites dans leur tube digestif.

Les parasites intestinaux des oiseaux

La trichomonose, présente chez les canaris et perruches, se caractérise par une anorexie, un amaigrissement et une diarrhée jaune ainsi que la présence d'un magma épais couleur mastic dans la cavité buccale. La candidose, appelée « muguet », sur la cavité buccale entraîne des

LES TROUBLES DIGESTIFS

Symptômes	Origines
Anorexie	Abcès de la bouche ; carence en vitamine A
Déformation du bec	Gale ; virus
Diarrhée	Bactéries, virus ; parasites ; alimentation inadaptée
Boulimie	Parasites

régurgitations, un amaigrissement et de la diarrhée. La giardiase, fréquente chez les perruches ondulées et calopsittes, entraîne une perte de poids, une perte de plumes, de la diarrhée et du prurit. La coccidiose se caractérise par une perte de poids, une diarrhée hémorragique, l'oiseau boit beaucoup. La capillariose atteint toutes les espèces, les oiseaux n'arrivent plus à avaler car il y a une obstruction de la gorge. L'ascaridose entraîne une perte de poids et une somnolence.

Les diarrhées

L'animal boit beaucoup, maigrit ; elles sont souvent très contagieuses. Elles sont bactériennes, toxiques, parasitaires, virales...

Les diarrhées bactériennes

La pasteurellose. La collibacillose. Les salmonelloses. La pseudotuberculose. L'ornithose-psittacose.

Les diarrhées toxiques

Elles sont provoquées par les intoxications au plomb des perroquets qui mangent les tuyaux de plomb des cuisines.
Le changement alimentaire brutal ou une ponte imminente provoquent des diarrhées.

Mesures en cas de diarrhée

Il faut isoler l'oiseau, le placer au chaud (20 °C), le mettre en semi-diète, lui administrer des antibiotiques et des pansements intestinaux.

Les carences vitaminiques

Nous vous rappelons l'importance de la supplémentation en vitamines chez les oiseaux vivant en captivité.

Le rôle des vitamines

A : rôle important dans la vision.
E : indispensable à la reproduction.
B : assure un bon état général.
K : permet la coagulation.

Les symptômes des carences

Un manque de vitamine A entraîne des abcès de la bouche, des sinusites, des abcès plantaires, un manque de résistance aux infections, ainsi qu'une altération de la peau au moindre contact. Donnez quelques gouttes de vitamines A durant un mois.
Une carence en vitamine B entraîne des troubles nerveux et un affaiblissement des muscles.
La vitamine D permet d'éviter une déformation du bec, le rachitisme ou la production d'œufs fragiles.

LES CARENCES EN VITAMINES CHEZ LES OISEAUX

Carence en vitamine	Signes cliniques
Vitamine A	Perte d'appétit ; amaigrissement ; ulcères au niveau de la bouche ; yeux rouges ; ponte difficile
Vitamine B1	Tremblements nerveux
Vitamine B2	Mortalité dans l'œuf ; troubles des plumes, bec et ongles
Vitamine B3	Croûtes (plantes des pieds et bec)
Vitamine B4	Mauvais plumage ; inflammation de la bouche
Vitamine B6	Problèmes nerveux
Vitamine B10	Faiblesse générale des oisillons
Vitamine B12	Anémie ; troubles de croissance ; mauvaise mue
Vitamine D3	Ramollissement des os ; articulations gonflées ; coquille d'œuf molle
Vitamine E	Torticolis ; œdème
Vitamine K	Hémorragies internes

Les affections du bec et des plumes

La perte des plumes ou l'aspect terne sont les symptômes les plus redoutés des amoureux des oiseaux car cela affecte l'aspect extérieur de leur animal.

Le bec

Le bec peut se fracturer, notamment chez les gros becs qui mordent tout. Le bec peut être mou par manque de vitamines et minéraux.
Des malformations se rencontrent surtout chez les perruches.
Elles peuvent être d'origine génétique ou dues à la malnutrition. Lors de gale du bec, la tête, le bec, les narines et les yeux sont atteints.
On observe une formation de croûtes, un ramollissement du bec, puis une extension des lésions aux pattes.

Les plumes

Les carences alimentaires

L'oiseau mal nourri présente un plumage terne, une peau épaissie surtout sur la tête, les pieds et autour des narines.
Une carence en vitamine A entraîne un plumage terne, un bec long et une perte de plumes sur la tête. Il faut donner des épinards, du persil et des carottes.

Le syndrome du plumeau

Cette affection entraîne une croissance exubérante des plumes, l'oiseau ne peut plus voler (perruches ondulées).

Le PBFD **(Psittacine beak and feather disease : syndrome maladie du bec et des plumes)**

Cette maladie affecte les jeunes oiseaux de moins de trois ans. Les plumes semblent abîmées, l'oiseau peut mourir, aucun traitement n'est connu. On nomme aussi cette affection « mue française ».

La mue

Le plumage correspond à 10 % du poids du corps de l'animal. Il y a 900 plumes chez un colibri, 1 500 chez un canari, 2 500 chez une tourterelle...
La mue est souvent annuelle et le renouvellement est de cinq semaines pour les plumes des ailes, six semaines pour celles de la queue. La mue dépend de la température, de la lumière, de l'humidité... La mue peut ne pas se dérouler correctement. Lors de mue dite partielle, certaines parties du corps restent déplumées très longtemps. Lors de mue molle, l'oiseau paraît toujours ébouriffé.

Le picage

Il est souvent dû à des troubles alimentaires (vitamines...), des troubles psychologiques, surtout chez les psittacidés, ou des troubles hormonaux.

LES AFFECTIONS DERMATOLOGIQUES

Affections	Origines possibles
Abcès (sous les pattes)	Blessure ; carence en vitamine A
Mauvaise mue	Carence en oligo-éléments ; affection virale ; périodicité jour-nuit mauvaise
Picage	Carence en acides aminés soufrés ; trouble psychologique
Problème de couleur	Carence en vitamines ; maladie virale
Démangeaisons	Parasites

Le prurit

L'oiseau se démange, il se frotte la tête contre les barreaux, se gratte avec son bec et s'arrache les plumes. Ce comportement peut avoir plusieurs origines.

Les parasites

Chez les oiseaux, ce sont essentiellement des **poux rouges**. Ce parasite vit dans les fissures de la cage et se nourrit la nuit du sang des oiseaux. Cela entraîne un prurit, des saignements et des anémies. Il faut laisser un drap blanc sur la cage la nuit pour détecter les poux qui, attirés par le blanc, se retrouvent tous sur le drap le matin. Une poudre antipoux sera à appliquer sur les oiseaux et dans la cage.
La **teigne** entraîne une lésion le plus souvent sur la tête, l'oiseau présente du picage, du prurit et des taches circulaires recouvertes d'un enduit blanc.
La **gale** est une affection fréquente : des zones déplumées s'étendent de l'arrière du corps vers l'avant. Un manchon blanchâtre contenant les parasites entoure la base de la plume.
La **gale des pattes** entraîne un soulèvement des écailles et un dépôt ressemblant à de la mie de pain.

Les dangers à la maison pour un oiseau

• Les vitres sans rideaux : l'oiseau en liberté dans la maison peut se heurter à cet obstacle transparent. Visualisez les vitres si vous laissez voler votre oiseau.

• Les fenêtres ouvertes : prenez garde car les courants d'air sont terribles et l'oiseau risque de s'enfuir.

• Les animaux domestiques : chats et chiens sont des prédateurs potentiels.

• Les récipients pleins d'eau : attention, l'eau attire toujours les oiseaux, notamment les perroquets et ils risquent de s'y noyer.

• Les fumées : de cuisine, de cheminée, de cigarettes... l'oiseau n'aime pas du tout.

• Les plantes : certaines sont très toxiques.

Déterminer l'âge d'un oiseau

La taille n'est pas toujours significative car les oiseaux ont très vite la taille adulte. Il vaut mieux observer les plumes, le bec, l'iris ou les pattes.

Les plumes

Le plumage des jeunes peut être tacheté, barré, les plumes des jeunes sont très fragiles et celles de la queue sont plus courtes.

Le bec

La couleur est différente chez le jeune (plus sombre ou plus claire).

L'iris

Chez les psittacidés, l'iris des jeunes est marron. Chez les aras, il devient gris à un an puis blanc entre un et trois ans, puis jaune.

Les pattes

Elles sont translucides chez le jeune, lisses et vernissées à un an, anguleuses et puissantes à deux-trois ans, écailleuses avec des ongles durs et opaques à plus de trois ans.
Les durées de vie moyennes des oiseaux sont les suivantes : les exotiques vivent de cinq à six ans, les becs droits (canaris, colombes...) vivent de dix à quinze ans, ainsi que les becs crochus dont les perroquets battent certains records (trente ans).

Nous ne pourrons passer en revue tous les oiseaux susceptibles d'orner une volière. Des représentants de chaque groupe sont décrits dans les fiches suivantes afin que vous puissiez vous rendre compte des besoins de chacun et des difficultés particulières à maintenir certains oiseaux en captivité.

Perruche ondulée Texas (© M. Tesseire/Cogis)

Les principales espèces et variétés d'oiseaux

La liste non exhaustive qui suit regroupe des oiseaux que vous devriez pouvoir vous procurer sans complications inutiles.

© Lanceau/Cogis

Le canari

Nom scientifique

Serinus canaria

Origine

Il vit dans l'importante végétation des îles Canaries. C'est l'oiseau le plus élevé en captivité actuellement.

Description

Sa taille est variable selon les espèces mais elle est de 18 centimètres en moyenne. Il existe de nombreuses variétés de couleurs et de formes. À l'état naturel, il est vert.
Les variations de couleurs, de formes résultent du croisement avec des espèces voisines.

Caractère

Il est charmant avec ses congénères et avec les autres espèces, il se bat rarement.

Alimentation

Il existe des graines spécialement conçues pour eux : alpiste, nigelle, lin, avoine et millet blanc. Endives ou épinards peuvent faire un complément de temps en temps. Il faut aussi leur mettre un os de seiche et du gravier.

Conditions de vie

Il s'adapte très bien à la vie en captivité. Il peut vivre en cage ou en volière.
Sa durée de vie est de 10 ans.

Reproduction

Il se reproduit sans problèmes. La couvaison dure 14 jours.
Les canaris peuvent faire trois couvées par an.
La période de reproduction commence en mars.
Maturité sexuelle : 10 à 12 mois pour la femelle ; 1 à 2 ans pour le mâle qui ne se reproduit plus après 7 ans.
Période de reproduction : de mi-mars à début juillet.
Incubation : 14 jours.
2 à 3 nichées par an.
4 œufs en moyenne par nichée.
Les petits sortent du nid 14 jours après l'éclosion et sont indépendants vers 1 mois.
Le mâle se différencie de la femelle car il chante.
De plus en période de reproduction, le cloaque du mâle se redresse perpendiculairement au corps, celui de la femelle reste parallèle.

Maître idéal

On peut acquérir un premier oiseau à n'importe quel âge. Le canari permet de prendre conscience progressivement des besoins d'un oiseau.

Canaris en groupe (© F. Desachy)

Les variétés de canaris se divisent en canaris dits de posture et en canaris de couleur.

Les canaris de posture

Le canari border : c'est un frontalier ! *Border* signifie « frontière », il est issu de la limite entre l'Écosse et l'Angleterre.
Il mesure 14 centimètres, avec un corps légèrement arrondi et une poitrine bombée.
Il peut être jaune, blanc, cannelle, vert ou panaché.

Le canari gloster : issu de la région de Gloucestershire en Angleterre, il a été créé grâce à des croisements entre des canaris du Hartz et des borders.
Il mesure 10 centimètres.
Il existe le gloster corona avec une huppe et le gloster consort sans huppe.

Le canari norwich : il mesure 16 centimètres avec le front et les joues composés de plumes touffues. C'est un canari assez massif.

Le canari yorkshire : originaire de cette région d'Angleterre, il mesure 17 centimètres et possède un corps plutôt arrondi.

Le canari frisé hollandais : il mesure 17 centimètres, se tient très droit avec les membres tendus, le cou est long. Les flancs possèdent de nombreuses frisures.

Les canaris de couleur

Ils mesurent de 11 à 13 centimètres, possèdent un bec court. Le plumage est toujours lisse et soyeux. Ils se différencient par la variation de couleur du plumage qui leur donne leur nom.

Canari jaune (© F. Desachy)

Les petits exotiques

Ce sont de petits oiseaux essentiellement granivores aux couleurs vives et qui sont la base des volières.

Le bec de corail

Nom scientifique

Estrilda troglodites

Habitat

Afrique tropicale, il préfère la végétation très dense.

Morphologie

Petit oiseau de 9 centimètres, bec rouge.

Caractère

Très curieux, parfait pour une première volière.

Alimentation

Panic, millet blanc, alpiste, nigelle.

Reproduction

Ponte : 3 à 6 œufs.
Couvaison : 12 jours.
Sortie du nid : 14 jours.

Maître idéal

Adulte qui veut constituer une grande volière.

Le cordon bleu

Nom scientifique

Granatina bengala

Habitat

Afrique équatoriale et tropicale.

Morphologie

12 centimètres, le mâle a les joues rouges.

Caractère

Très joli chant, parfait pour un mélange en volière.

Alimentation

Panic, millet, alpiste.

Reproduction

Très difficile.

Maître idéal

Adulte qui veut constituer une grande volière.

Cordon bleu (© F. Desachy)

Cordon bleu en compagnie d'un mandarin (© F. Desachy)

Le diamant mandarin

Nom scientifique

Poephila guttata

Habitat

Il vit à l'état naturel en Australie.

Caractère

Très vif et très sociable, il vit très bien au contact de l'homme. Il vit très facilement avec d'autres petits oiseaux.

Morphologie

Il mesure 10 centimètres, avec un bec assez gros, rouge chez le mâle et orangé chez la femelle. Sa longévité est de 5 ans.

Alimentation

C'est un granivore. Il se nourrit de millet et d'alpiste.

Reproduction

Maturité sexuelle : 9 mois.
Durée d'incubation : 13 jours.
5 nichées par an.
4 à 8 œufs par nichée.
Les petits sortent du nid au 18e jour.
Le mâle se distingue de la femelle par une poitrine zébrée, deux taches orangées sur les joues et le bec rouge.

Maître idéal

Enfant ou adolescent qui souhaite constituer une petite volière.

Diamant mandarin (© Lanceau/Cogis)

Le diamant de Gould

Nom scientifique

Chloebia gouldiae

Origine

Il vit en Australie, dans les prairies. Tous les sujets vendus sont nés en captivité car leur capture et leur exportation sont interdites.

Description

Sa taille est de 13 à 14 centimètres. La femelle a des couleurs plus ternes sur la poitrine et le ventre que le mâle. Le plumage est terne et verdâtre chez les jeunes.

Caractère

Il est très vif et s'habitue bien à la présence de l'homme mais il demande beaucoup d'attention pour s'adapter à nos climats. Il peut vivre dans une volière avec d'autres oiseaux mais ne se reproduira pas à leur contact.

Alimentation

Il est granivore et insectivore.
Les graines à donner seront : l'alpiste, le millet blanc et la nigelle. Il faut aussi lui donner une pâtée pour insectivores. Il faut ajouter une fois par semaine des vitamines dans l'eau de boisson.

Conditions de vie

La température ne doit pas descendre en dessous de 20 °C surtout en période de reproduction. Il faut éviter les courants d'air. Cet oiseau a besoin de beaucoup de lumière.

Reproduction

Elle n'est pas facile. Ces oiseaux se reproduisent en hiver, il faudra donc éclairer la cage de façon artificielle pour allonger la période d'« ensoleillement ». Il faut mettre à leur disposition des nichoirs en bois et des brins d'herbe ou fils de coco. La couvaison dure 2 semaines. Il faut laisser ensuite les oisillons 2 mois avec les parents.
Incubation : 15 jours.
3 nichées par an.
4 à 6 œufs par nichée. Les petits sortent du nid vers 21 jours et sont indépendants vers 40 jours. La femelle se reconnaît par ses couleurs plus ternes. Sa longévité est de 7 ans.

Maître idéal

Adolescent, adulte ayant déjà une bonne connaissance des oiseaux.

Diamant de Gould (© Labat/Cogis)

Le diamant à gouttelettes

Nom scientifique

Stagonopleura guttata

Habitat

Originaire d'Australie, il vit dans les buissons.

Caractère

Il est assez agressif, la rivalité étant permanente, il est préférable de le faire vivre seul ou en couple unique.

Morphologie

Il mesure 13 centimètres, avec un corps trapu et un bec rouge.

Alimentation

Panic, alpiste, nigelle, millet blanc et avoine.

Reproduction

2 semaines d'incubation.
4 à 7 œufs par nichée.
Les petits sortent du nid vers 25 jours.
Le mâle a un chant plus grave que la femelle et son plumage est un peu plus vif.
La reproduction est difficile, la présence de végétation dans la volière est indispensable.

Maître idéal

Adulte qui souhaite un oiseau décoratif et chanteur mais qui ne veut pas s'investir dans la reproduction.

Diamant à gouttelettes (© F. Desachy)

Le moineau du Japon

Nom scientifique

Lonchura domestica

Habitat

Il vit surtout en Corée, au Japon et en Inde.

Caractère

Très sociable, il peut vivre dans une volière avec d'autres exotiques. Il est très proche de l'homme.

Morphologie

Il mesure 10 centimètres. De nombreuses variations de couleurs existent dans le plumage. Sa durée de vie est de 5 ans.

Alimentation

Elle est composée de graines d'alpiste, de millet blanc, de nigelle, d'avoine ou de blé.

Reproduction

12 à 14 jours d'incubation.
4 à 8 œufs par nichée.
Vers 3 à 4 semaines, les petits sortent du nid. Le mâle se différencie de la femelle uniquement par son comportement au moment de la reproduction. Il se met droit sur ses pattes, gonfle la poitrine et ouvre et ferme sa queue. Il danse devant la femelle.

Maître idéal

Cet oiseau convient parfaitement à une famille avec des enfants car il est très sociable et presque affectueux.

Moineaux du Japon (© F. Desachy)

Le padda

Nom scientifique

Padda oryzivora

Habitat

Il est originaire des îles de Java, de Bali, vit en Asie et en Afrique du Sud.
Il est réputé comme dévoreur de riz et fléau dans les régions de rizières.

Caractère

Il est assez serein et peu bruyant mais relativement agressif avec les autres exotiques. On évitera donc les mélanges en volière.

Morphologie

Il mesure 15 centimètres, possède un petit bec très puissant. Il existe trois variétés de couleurs : gris-noir, isabelle et blanc.

Alimentation

Les graines sont à base de millet, d'alpiste et de riz.

Reproduction

15 jours d'incubation.
4 à 7 œufs par nichée.
Sortie du nid : 28 jours.
Le mâle et la femelle se différencient par leur chant : le chant est continu chez la femelle et ressemble à un tintement de cloche chez le mâle.

Maître idéal

Personne seule pouvant s'occuper de l'oiseau toute la journée et être présente auprès de lui.

Padda panaché (© F. Desachy)

La colombe

Nom scientifique

Geopelia cuneata

Origine

Elle vit dans les zones désertiques de l'Australie.

Description

Sa taille est de 22 centimètres. Le plumage de la femelle est plus brun que celui du mâle.

Caractère

Les mâles peuvent être agressifs entre eux mais les colombes s'entendent bien avec des petits oiseaux d'autres espèces.

Conditions de vie

La colombe s'adapte très bien à la vie en captivité. Elle peut vivre à l'extérieur mais doit être protégée du froid et de l'humidité.

Alimentation

Il faut ajouter un peu de verdure au mélange de graines du commerce.

Reproduction

Elle se reproduit sans difficulté. Il faudra lui fournir un nid en forme de corbeille comme pour les canaris. Elle pond 2 œufs blancs et la couvaison dure 13 jours.

Maître idéal

Personne souhaitant constituer une volière extérieure avec des oiseaux nécessitant peu d'entretien.

Colombe de dos (© Lili/Cogis)

Colombe (© Blat/Cogis)

La tourterelle

Nom scientifique

Streptopelia decaocto

Origine

Elle vit dans les régions désertiques de l'Afrique tropicale.

Description

Sa taille est de 30 centimètres.

Caractère

Elle s'adapte très bien à la vie en captivité. Ces oiseaux peuvent vivre avec des oiseaux d'espèces différentes, ils sont très sociables.

Alimentation

Les mélanges de graines pour tourterelles, maïs, avoine... sont parfaits. Il faut aussi leur donner du gravier.

Conditions de vie

Elle peut vivre à l'extérieur si la volière est à l'abri du vent et de l'humidité.

Reproduction

Elle est facile en captivité. La femelle pond 2 œufs qu'elle couve avec le mâle pendant 18 jours.

Maître idéal

Personne souhaitant constituer une volière extérieure avec des oiseaux nécessitant peu d'entretien.

Tourterelle rieuse (© Lanceau/Cogis)

LES BECS CROCHUS

Les trois familles principales de becs crochus sont : les loridés, les cacatuidés et les psittacidés.

Les loridés

Il existe cinquante-quatre espèces. Ces perroquets ont la particularité d'avoir un bec long adapté à la récolte du nectar. Ils vivent principalement en Indonésie et en Australie. Ce sont des oiseaux très sociables et curieux qui ont souvent de merveilleuses couleurs. Ils s'adaptent très bien à la volière et leur reproduction est facile.
Ponte : 3 à 4 fois par an.
2 œufs par nichée.
Nous étudierons ici le lori noir, le lori rouge, et le loriquet arc-en-ciel.

Les cacatuidés

Tous les perroquets de cette famille sont munis d'une huppe mobile sur la tête, jaune, et la plupart sont blancs.
Le plus connu est la calopsitte.
La reproduction des cacatoès est très dure et leur caractère n'est pas toujours facile.
Ponte : 2 fois par an.
2 à 4 œufs par nichée.
Couvaison : 25 à 30 jours.

Les psittacidés

Les principaux groupes sont :
– les amazones : 26 espèces, de 24 à 46 centimètres. La plupart sont de couleur verte et se différencient par la couleur de la tête. La reproduction est difficile en captivité ;
– les aras : ce sont les plus grands perroquets. Ils peuvent atteindre 1 mètre. Ils sont en voie de disparition ;
– les caïques : ils mesurent 23 centimètres et vivent en groupe ;
– les conures : ils supportent très bien la volière et se reproduisent assez facilement mais sont très bruyants ;
– les inséparables : ils sont représentés par 10 espèces. Ce sont de parfaits oiseaux de volière ;
– les perruches : groupe très connu qui comprend de nombreuses variétés ;
– les rosellas : la perruche de Stanley est parfaite pour les débutants, elle s'adapte très bien à la volière.

Les perroquets peuvent être vendus très chers car ils sont « élevés main ». Cela signifie que l'éleveur lui a donné lui-même la nourriture dès son plus jeune âge et l'animal est donc parfaitement habitué à l'homme. Un perroquet élevé dans d'autres conditions est parfois très agressif et pousse des cris effrayants à l'approche de l'homme. La différence entre le mâle et la femelle ne se fait qu'après des examens spécifiques (endoscopie ou caryotype après prise de sang).

QUELQUES OISEAUX FICHÉS

Espèce	Poids (g)	Longévité	Record de longévité
Mandarin	10 à 15	5 ans	16 ans
Canari	15 à 30	7 à 10 ans	27 ans
Perruche ondulée	30 à 80	6 à 7 ans	18 ans
Perruche calopsitte	75 à 100	16 à 18 ans	30 ans
Gris du Gabon	330 à 500	20 à 25 ans	50 ans
Amazone	400 à 600	30 à 40 ans	70 ans

L'AMAZONE À FACE JAUNE

Nom scientifique

Amazona xanthops

Habitat

Elle vit au Brésil.

Morphologie

Vert clair avec la face jaune du front jusqu'aux yeux.

Caractère

Sociable avec l'homme si elle est seule.

Alimentation

Graines, fruits.

Reproduction

2 à 4 œufs par nichée.
Couvaison : 25 jours.
Reproduction très difficile.

Maître idéal

Adulte étant souvent présent et disposant de temps pour s'occuper de l'oiseau.

L'AMAZONE À FRONT BLEU

Nom scientifique

Amazona aestiva

Habitat

Elle est originaire du Brésil.

Morphologie

36 centimètres.
Plumage vert, jaune autour du bec et front bleu pâle.

Caractère

Très sociable, peut apprendre à parler.

Alimentation

Semences, fruits.

Reproduction

Assez facile en captivité dans de grandes volières.
Ponte : 1 fois par an.
2 à 5 œufs par nichée.
Couvaison : 25 jours.
Indépendance des petits : 8 semaines.

Maître idéal

Adulte étant souvent présent et disposant de temps pour s'occuper de l'oiseau.

Perroquet amazone à front bleu (© Lanceau/Cogis)

L'AMAZONE À FRONT JAUNE

Nom scientifique

Amazona ochrocephala

Habitat

Elle vit dans la brousse en Colombie, au Brésil ou au Venezuela.

Morphologie

Verte avec le front jaune. Elle mesure 35 centimètres.

Caractère

Très sociable, s'attache beaucoup à son maître. Peut parler.

Alimentation

Graines et fruits.

Reproduction

Nid dans un tronc d'arbre.
Ponte : 1 fois par an.
5 œufs par nichée.
Sortie du nid : 9 semaines.

Maître idéal

Adulte étant souvent présent et disposant de temps pour s'occuper de l'oiseau.

Les inséparables

Nom scientifique

Agapornis roseicollis
Agapornis personata
Agapornis personata fischeri

Origine

Ils vivent dans le sud-ouest de l'Afrique, dans la savane ou dans des régions désertiques mais près d'un cours d'eau.

Description

Sa taille est de 16 centimètres. Il est difficile de différencier le mâle de la femelle.

Caractère

Ils ne sont sont pas bruyant,s ni destructeurs. Ils sont faciles à apprivoiser et très sociables.

Alimentation

Des mélanges pour perruches sont parfaits, un peu de pomme leur convient. Alpiste, nigelle, avoine et graines de tournesol sont parfaits sans oublier des fruits et légumes.

Condition de vie

Ils doivent être mis en couple dans une cage d'au moins 1 mètre de long.

Reproduction

Ils nichent pendant l'hiver, il faut donc les installer à l'intérieur dans une pièce chauffée et bien éclairée et mettre un nid à leur disposition.
Ils utilisent des écorces d'arbre pour le garnir et des branches de saule pleureur.
Maturité sexuelle : 8 mois.
Période de reproduction : hiver.
Durée d'incubation : 21 jours.
3 nichées par an.
4 à 5 œufs par nichée.
Sortie du nid : 5 à 6 semaines.

Maître idéal

Personne sensible à la beauté de l'oiseau.
Éviter les familles bruyantes.

Différentes variétés d'inséparables (© M. Tesseire/Cogis)

Inséparable au magnifique plumage (© Hermeline/Cogis)

Le lori noir

Nom scientifique

Chalopsitta atra

Habitat

Il est originaire de Nouvelle-Guinée.

Morphologie

Noir, il mesure 32 centimètres.

Caractère

Très stable.

Alimentation

Nectar, fruits, bourgeons, maïs.

Reproduction

Facile.
Maturité sexuelle : 4 ans.
Ponte : 2 fois par an.
2 œufs par nichée.
Couvaison : 24 jours.

Maître idéal

Adulte connaisseur.

Le lori rouge

Nom scientifique

Eos bornea

Habitat

Indonésie, Nouvelle-Guinée.

Morphologie

Plumage rouge avec quelques taches bleues et noires, bec orange. Il mesure 31 centimètres.

Caractère

Très gai, parfaitement adapté à la vie en volière.

Alimentation

Nectar, fruits.

Reproduction

Facile.
2 œufs par nichée.
Couvaison : 24 jours.
Sortie du nid : 9 semaines.

Maître idéal

Adulte connaisseur.

Lori à front rouge (© Labat/Cogis)

Le loriquet arc-en-ciel

Nom scientifique

Trichoglossus haematodus

Habitat

Forêt d'Australie et de Bali.

Morphologie

Bleu, vert, jaune, noir, il mesure 26 centimètres.

Caractère

Gai, très vif.

Alimentation

Nectar, fruits, bourgeons.

Reproduction

Difficile en volière.
2 à 3 œufs par nichée.
Couvaison : 25 jours.
Sortie du nid : 8 semaines.

Maître idéal

Adulte connaisseur et présent.

Loriquets arc-en-ciel (© Labat/Cogis)

LE PERROQUET GRIS DU GABON

Perroquet gris du Gabon (© Français/ Cogis)

Nom scientifique

Psittacus erithacus

Habitat

Il vit à l'état naturel en Afrique centrale et de l'Ouest.

Caractère

Il aime imiter les sons ou articuler quelques mots mais non apprivoisé il peut se révéler agressif.

Morphologie

Sa taille est de 35 centimètres. Il possède un bec très puissant.
Sa longévité est de 50 ans.

Alimentation

Elle se compose de grosses graines à décortiquer comme le tournesol, le blé, le maïs.

Reproduction

Durée d'incubation : 1 mois.
3 à 4 œufs par nichée.
Sortie du nid : 3 mois.

Maître idéal

Adulte connaisseur, très présent et très disponible.

Majestueux perroquet gris du Gabon (© Français/ Cogis)

LA PERRUCHE DE BOURKE

Nom scientifique

Neophema bourkii

Origine

Elle est originaire d'Australie.

Description

Sa taille est de 19 centimètres. La femelle ne présente pas de bleu sur le front.

Caractère

Elle est très sociable et assez calme. Elle peut être mélangée à d'autres oiseaux.

Alimentation

Les mangeoires seront placées au sol car elle aime chercher sa nourriture sur le sol. Les mélanges de graines pour perruches conviennent très bien : alpiste, millet blanc, colza, nigelle, avoine décortiquée, lin, tournesol…

Conditions de vie

Elle s'adapte très bien à la vie en captivité.

Reproduction

Elle est assez facile.
Maturité sexuelle : 15 mois.
Incubation : 18 jours.
4 à 5 œufs par nichée.

La femelle n'a pas le front bleu et son abdomen est d'un rouge moins vif que chez le mâle.

Maître idéal

Personne sensible à la beauté de l'oiseau. Éviter les familles bruyantes.

Perruche de Bourke mâle (© F. Desachy)

Perruche de Bourke femelle (© F. Desachy)

La perruche calopsitte

Nom scientifique

Nymphicus hollandicus

Habitat

Elle vit dans les régions désertiques de l'Australie.

Caractère

Oiseau très curieux et très sociable qui s'entend avec tous, même des petits exotiques.
Elle est capable d'apprendre quelques mots.

Morphologie

Elle mesure 30 centimètres.
Il existe plusieurs variétés.
Sa durée de vie est de 18 ans.

Reproduction

Durée d'incubation : 20 jours.
6 à 7 œufs par nichée.
Sortie du nid : 28e jour.
La tête de la femelle est plus terne que celle du mâle.

Maître idéal

Personne sensible à la beauté de l'oiseau. Éviter les familles bruyantes.

Perruche calopsitte au plumage blanc (© Français/Cogis)

Perruche calopsitte au plumage gris (© Français/Cogis)

La perruche à collier

Nom scientifique

Psittacula krameri

Habitat

Elle vit dans la brousse d'Afrique, de la Guinée à l'Éthiopie.

Caractère

Elle est assez facile mais possède une voix un peu désagréable.

Morphologie

Elle mesure 40 centimètres. Le bec est rouge et l'iris noir cerclé d'orange. Sa durée de vie est de 15 ans.

Reproduction

Incubation : 24 jours.
3 à 4 œufs par nichée.
Sortie du nid entre la 6e et la 7e semaine.
Le mâle se différencie par la présence d'un collier noir mais qui n'apparaît que vers 3 ans.

Maître idéal

Personne sensible à la beauté de l'oiseau. Éviter les familles bruyantes.

Perruche à collier bleu (© F. Desachy)

La perruche omnicolore

Nom scientifique

Platycercus eximius

Habitat

Elle vit dans la brousse de Tasmanie et du sud-est de l'Australie.

Caractère

Peu sociable, il est difficile de la faire cohabiter avec d'autres oiseaux.

Morphologie

Sa taille est de 30 centimètres, l'iris est noir et le bec clair.
Sa longévité est de 15 ans.

Maître idéal

Personne sensible à la beauté de l'oiseau. Éviter les familles bruyantes.

Perruche omnicolore (© F. Desachy)

La perruche ondulée

Nom scientifique

Melopsittacus undulatus

Origine

Elle provient de l'Australie, où elle vit dans les zones désertiques.

Description

Sa taille est de 18 centimètres.
Sa coloration normale est vert clair mais de nombreuses mutations ont permis de diversifier le plumage. La cire (petite proéminence au-dessus du bec) est marron chez les femelles et bleue chez les mâles.

Caractère

Cet oiseau est doux et confiant. C'est un excellent oiseau de compagnie, très sociable et facile à apprivoiser. Cette perruche n'est pas très bruyante et peut avoir des aptitudes à parler.

Alimentation

Les mélanges de graines pour perruches du commerce sont parfaits.

Conditions de vie

Une cage suffit, cet oiseau est assez robuste.

Reproduction

Elle peut se reproduire toute l'année. La couvaison dure 20 jours et les petits quittent le nid à 3 semaines.
Maturité sexuelle : 1 an.
Période de reproduction : avril.
Incubation : 18 à 23 jours.
3 nichées par an.
4 à 8 œufs par nichée.
Sortie des oisillons du nid vers 4 semaines.
Le mâle se reconnaît par la couleur bleue de la cire. Chez la femelle elle est brune. Sa longévité est de 7 ans.

Maître idéal

Enfant ou adolescent. Cet oiseau peut être une acquisition plus intéressante que le canari avec une longévité plus grande.

Perruche ondulée bleue (© Hermeline/Cogis)

Perruche ondulée au plumage jaune (© Hermeline/Cogis)
Perruche ondulée perle facteur (© Hermeline/Cogis)

La perruche de Pennant

Nom scientifique

Platycercus elegans

Habitat

Elle vit dans la brousse des côtes orientales de l'Australie.

Morphologie

Sa taille est de 35 centimètres. L'iris est noir, le bec carné. Les ailes ont un motif maillé caractéristique.
Sa longévité est de 25 ans.

Reproduction

Durée d'incubation : 21 jours.
4 à 7 œufs par nichée.
Sortie du nid : 5 semaines après l'éclosion.
La différence des sexes ne peut se faire que sur un caryotype (étude des chromosomes).

Perruche de Pennant (© F. Desachy)

Maître idéal

Personne sensible à la beauté de l'oiseau.
Éviter les familles bruyantes.

La perruche turquoisine

Nom scientifique

Neophema pulchella

Caractère

C'est une perruche très discrète et très calme.

Morphologie

Elle mesure 20 centimètres, l'iris est noir, le bec gris-noir.
La durée de vie est de 12 ans.

Reproduction

Durée d'incubation : 20 jours.
Sortie du nid : 28 jours.
Le mâle se distingue de la femelle par des zones rougeâtres sur les ailes. La femelle présente une tache bleue sur le front plus petite et son plumage est plus terne.

Maître idéal

Personne sensible à la beauté de l'oiseau.
Éviter les familles bruyantes.

Perruche turquoisine femelle (© F. Desachy)

Les poissons

Nous précisons à nouveau qu'il ne s'agit pas d'aborder les poissons de façon approfondie dans cet ouvrage mais de vous présenter les notions essentielles vous permettant de choisir un poisson, d'entretenir votre aquarium et de profiter au maximum d'une première acquisition. Nous ne vous proposons que des poissons d'eau douce, les aquariums d'eau de mer étant réservés à de véritables spécialistes.

© F. Desachy

La contention et la première mise en eau

Ce terme est inexact car il est difficile de tenir un poisson mais il vous faudra savoir l'attraper. Une épuisette est pour cela nécessaire et une certaine technique est utile.
Vous aurez surtout à les manipuler lors de votre retour à la maison après l'achat.
Avant d'acheter les poissons, testez la concentration en nitrite de votre eau, grâce à des kits prévus à cet effet dans le commerce.
Éteignez la lumière lors de l'introduction des poissons dans le bac, rallumez le lendemain.
Trempez le sac contenant les poissons dans l'aquarium pendant une demi-heure, afin que la température de l'eau de transport et celle de l'aquarium s'équilibrent. Une différence trop importante de température peut faire mourir les poissons. Ne videz jamais l'eau du sac dans l'aquarium car cette eau est source de contamination de votre aquarium.
Introduisez ensuite l'équivalent d'un verre d'eau de l'aquarium dans le sac des poissons toutes les cinq minutes, trois fois de suite, pour qu'ils s'habituent à cette nouvelle eau.
Puisez les poissons dans le sac et remettez-les doucement dans l'aquarium. Ils se sont ainsi adaptés progressivement à leur nouveau milieu de vie.

Les poissons ne doivent être mis dans l'aquarium que 3 semaines après l'installation de ce dernier (© Labat/Lanceau/Cogis)

L'habitat

Le premier aquarium

Il faut choisir un type d'aquarium. Nous avons vu que, pour débuter, un aquarium d'eau douce est préférable. Il faut ensuite choisir les espèces qui s'acclimatent facilement.
Ne mélangez pas les espèces lors d'une première acquisition, concentrez-vous sur un type de poisson afin d'étudier son alimentation, de lui proposer le meilleur milieu de vie.
Vous avez donc le choix, pour les espèces les plus « faciles », entre :
– le poisson rouge dont l'acclimatation est facile mais pas la reproduction ;
– les vivipares : guppy, xipho, platy ;
– les cichlidés africains qui se reproduisent facilement.

> Évitez la boule dans laquelle on met de l'eau puis un poisson rouge. L'aquarium doit être muni d'un filtre, de forme rectangulaire et avoir un volume minimal de 20 litres.

Voici trois propositions d'aquarium :
– aquarium de 20 litres (poissons rouges et poissons japonais) ;
– aquarium de 50 litres (guppy, xipho et platy) ;
– aquarium de 240 litres (discus et cardinalis).

L'installation de l'aquarium

Réfléchissez bien à l'emplacement de l'aquarium car vous ne le bougerez pas tous les jours. La localisation de l'aquarium dans l'appartement est pratiquement définitive.
Vérifiez que le support sur lequel vous désirez le mettre est bien stable et horizontal et qu'il peut supporter le poids d'un gros volume d'eau. Évitez de le mettre trop proche d'une source de lumière naturelle car cela favorise le développement des algues.
Disposez une plaque absorbante (type polystyrène) entre le support et votre aquarium.
Disposez ensuite un sol nutritif sur le fond en mettant une quantité plus importante à l'endroit où vous mettrez les plantes. Nettoyez le sable acheté pour le fond, versez-en une épaisseur de 5 centimètres au fond sur le sol nutritif.
Installez le chauffage et le système de filtration sans les brancher.
Remplissez le quart de l'aquarium d'eau. Installez le décor et les plantes. Finissez de remplir et mettez un conditionneur dans l'eau puis des bactéries.
Mettez le filtre en route.

> Attendez au moins 3 semaines avant de mettre les poissons. L'aquarium doit en effet fonctionner sans poisson durant un certain temps.

Les accessoires

Les plantes

Elles peuvent servir de décoration et de cachettes pour les poissons. Mais leur fonction essentielle est de participer à l'équilibre de l'eau en consommant une partie des produits azotés que les poissons rejettent.
Les plantes aquatiques transforment le gaz carbonique produit par les poissons en oxygène. Il faut éviter de mettre des produits fertilisants qui aideront bien sûr à la pousse des algues mais qui modifieront la teneur en nitrates de l'eau. Il existe des plantes à fleurs, des plantes flottantes, des plantes à racines, des plantes submergées... Elles doivent surtout, comme les poissons, être parfaitement adaptées aux conditions climatiques (température, éclairage) du bac. Pour ne pas le saturer, l'idéal est une plante pour 2 litres d'eau.
Il faut pratiquer une désinfection des plantes avant leur mise en place ; traitez-les en les faisant tremper dans une solution anti-escargots pendant une heure, puis rincez-les à l'eau douce.
Ne les enfouissez pas trop, elles risquent de pourrir.
Mettez 1 à 2 centimètres de couche de fertilisant d'aquarium sous le sable de l'aquarium.
Enfouissez les racines, les plantes les plus hautes sont à placer à l'arrière. Mettez de l'engrais liquide dans l'eau tous les dix jours.
Les diffuseurs de gaz carbonique favorisent la croissance des plantes tout en stabilisant la valeur du pH et en luttant contre la prolifération des algues nocives.
Évitez le terreau pour les bacs peuplés de gros cichlidés.
Taillez les racines des plantes (avec une lame de rasoir) pour favoriser leur enracinement.

Les décors

Tous les décors que vous placerez dans votre aquarium doivent subir un nettoyage avant leur introduction dans le bac. Le décor a pour but l'esthétique mais il permet aussi aux poissons de retrouver un environnement naturel indispensable pour se cacher et pondre.

Les posters

Ils sont à disposer derrière la vitre du fond avant la mise en eau.

Les roches

Attention aux roches calcaires qui modifient la composition de l'eau par leur dissolution. Il faut choisir entre les roches de granit, schiste, ardoise, basalte ou grès. Frottez-les avec une brosse à ongles avant de les déposer au fond du bac.

Le sable

Il est lui aussi à nettoyer avant sa mise en place. Il peut être plus ou moins gros et de couleur.

Le bois

Les racines de tourbière du commerce sont parfaites. Évitez de mettre des racines trouvées dans la nature.

Le filtre

Il retient les impuretés de l'eau, et participe à l'entretien de l'aquarium, grâce aux bactéries qui se développent dans les masses filtrantes (bactéries nitrifiantes).
Le filtre mécanique est constitué d'un bloc de mousse à travers lequel l'eau est filtrée et débarrassée des plus grosses impuretés.
Le filtre biologique assure une filtration optimale de l'eau, une préfiltration retient les impuretés, une masse poreuse permet le développement des bactéries nitrifiantes.
Il doit être adapté au volume de l'aquarium et aux types de poissons. Il peut être installé à l'extérieur ou à l'intérieur de l'aquarium ; différents accessoires (robinets, raccords...) facilitent cette étape.
À la base, mettez des matériaux de préfiltration arrêtant les gros détritus, puis une masse poreuse, comme du charbon (qui élimine la coloration de l'eau). Terminez avec une filtration fine (ouate, perlon).
La sortie d'eau du filtre doit se faire près de la surface pour assurer un bon brassage et une bonne oxygénation de l'eau.

Attention à ne pas mettre trop de poissons dans un aquarium (© C. Vast)

Les types de filtres sont nombreux, nous mettons l'accent sur l'importance de cet « accessoire » mais il faudra choisir votre matériel avec un professionnel.

L'aération

Elle permet d'assurer une bonne oxygénation de l'eau. Les pompes à air oxygènent l'eau, la formation de bulles d'air assurant un brassage de l'eau.

L'éclairage

Il est préférable d'utiliser une lumière artificielle car la lumière naturelle directe favorise le développement trop important des algues.
L'utilisation de tubes à fluorescence est conseillée. Il faut un tube à dominante rouge pour favoriser la croissance des plantes et un à dominante bleue ou blanche pour les contrastes.
Il faut éclairer huit à douze heures par jour. Les tubes doivent être changés tous les ans.

Le chauffage

Une résistance de type électronique ou bilames est nécessaire pour assurer un chauffage de 25 à 30 °C.
Placez-la verticalement et près de l'arrivée d'eau pour le brassage de l'eau.
Un watt pour un litre d'eau est nécessaire. Surveillez régulièrement la température.

L'eau et ses paramètres

L'eau qui forme l'essentiel du milieu est définie par certains paramètres dont le maintien des valeurs est primordial. En effet, la moindre variation de la température, du pH, etc. aura des répercussions sur la santé des poissons.
Il faut, lorsque l'on achète des poissons, se préoccuper de leurs conditions de survie et des paramètres nécessaires de façon spécifique pour chaque espèce. Les notions de dureté ou de pH de l'eau ne sont pas toujours familières pour les acheteurs, il est donc important de connaître ces critères et la répercussion pathologique de leur variation.

La température

Elle est surtout fonction des espèces présentes dans l'aquarium. Le choix de celles-ci est donc fondamental. Il est évident que l'on ne pourra avoir dans la même eau des poissons vivant en eau froide et en eau chaude. Il est très important que, une fois établie en fonction des besoins des poissons, la température ne varie plus. En effet, une très légère variation peut entraîner certaines pathologies (manque de résistance du poisson par exemple). L'eau peut être froide, elle se situe alors entre 14 et 17 °C (poissons rouges par exemple), elle peut être tempérée : entre 17 et 20 °C et elle peut être chaude : entre 20 et 25 °C. Un thermomètre en permanence dans l'eau permet de la vérifier.

La limpidité de l'eau

C'est un autre critère. Une eau claire, en plus d'être agréable à regarder, permet à la lumière de passer. C'est la filtration qui permet de maintenir la limpidité de l'eau ainsi que la présence de plantes.

Le pH

Il doit être compris entre 6,5 et 7,5 en eau douce (il est de 8 en eau de mer). Le pH en eau douce naturelle est de 5 à 8. Pour augmenter le pH, il faut ajouter du bicarbonate de soude. Demandez bien au vendeur quel est le pH idéal pour les poissons désirés.

La dureté

Elle désigne la teneur en calcium de l'eau qui est définie par son « titre hydrométrique » (TH ou degré DH). Pour abaisser le TH, il faut ajouter de l'eau de pluie (non polluée !) ou de l'eau distillée. Il existe des réactifs dans le commerce permettant la mesure de ces deux derniers paramètres.
Pour les aquariums d'eau de mer un autre paramètre est pris en compte : la salinité. On mesure la densité de l'eau ou la teneur en sel dissous.

L'oxygénation

Elle dépend de la surface d'échange de l'eau avec l'air et des plantes présentes. Un bac peu haut mais très large est mieux oxygéné qu'un bac très volumineux. Le brassage de l'eau grâce à des pompes permet une bonne oxygénation.

Les nitrites, nitrates et ammoniaque

Leur teneur est à surveiller. Ces produits, présents dans l'aquarium, proviennent des urines et des déjections des poissons, de la nourriture et des cadavres. Les filtres permettront d'éviter leur accumulation.

La lumière

Elle doit être uniforme. Il est inutile d'éclairer plus le fond que la surface. Un éclairage artificiel est toujours nécessaire. Attention aux éclairages qui chauffent l'eau. Le temps d'éclairage et l'intensité sont fonction des plantes de l'aquarium. Leur bonne santé guidera le propriétaire. Une base de dix heures d'éclairage est correcte.

La flore et la faune

Les plantes permettent une bonne oxygénation et servent aussi de cachettes pour les poissons. Il faut choisir les plantes en fonction des caractéristiques de l'eau. On peut mettre des « animaux nettoyeurs ». Ce sont de petits mollusques qui nettoient les parois et le fond. S'ils se multiplient trop, il faut déposer une feuille de salade dans l'aquarium, ils se colleront tous dessus.

Le maintien des paramètres

Le bon équilibre de l'environnement du poisson est le garant de sa santé.
Attention lors du renouvellement de l'eau (partiel ou total), car la température varie très rapidement. Il faut ajouter de l'eau à la même température que l'eau précédente

La température de l'eau ne doit jamais varier trop brutalement (© C. Vast)

pour éviter les variations brutales. Le changement régulier et partiel de l'eau est préférable au changement total. De même, il faut éviter de passer brutalement un poisson d'un bac à l'autre.
Il est important de donner de la nourriture sans excès pour maintenir une bonne limpidité. En effet, les débris non consommés perturbent les qualités de l'eau. Le repas des poissons doit être rapide et peu d'aliments sont donnés à la fois. En revanche, il est possible de donner à manger plusieurs fois par jour.
Le nombre de poissons dans un aquarium n'est pas lié à la capacité de celui-ci, mais à la surface de l'eau en contact avec l'air. Une trop grande quantité de poissons empêchera une bonne oxygénation de l'eau.
Attention aux roches décoratives qui font varier la dureté et qui peuvent en plus être blessantes (pointues) ou toxiques. Les pépites et minerais forment des sels toxiques, le calcaire augmente la dureté de l'eau.
Afin de maintenir constante la valeur du pH, ne pas « surdoser » en plantes et éviter les roches calcaires. Les concentrations de nitrites et nitrates sont essentiellement fonction du nombre de poissons présents. La surpopulation est néfaste.

Les modifications des paramètres

Il existe des pathologies dues à des parasites, des bactéries, mais il est très important de vérifier le maintien des paramètres de l'eau avant de rechercher l'éventuelle présence de ces agents pathogènes. En effet, une mauvaise qualité de l'eau est très souvent à l'origine des troubles des poissons.
En dehors des modifications de température dont les conséquences sont immédiates, il existe des variations plus « subtiles » dont les causes ne sont pas toujours évidentes.
Les variations « pathologiques » de la température sont de l'ordre de 4 à 5 °C. Elles se produisent essentiellement après le renouvellement de l'eau. Dans un sens ou dans l'autre, elles déclenchent un phénomène de stress qui diminue les défenses naturelles de l'animal. Une baisse de la température ralentit le métabolisme du poisson qui peut paraître immobile, et une augmentation diminue la teneur en oxygène de l'eau.
Les modifications du pH peuvent être dues à des phénomènes naturels ou à la présence d'éléments autres que les poissons.
Sa diminution est provoquée par la respiration des poissons (produisant du gaz carbonique). L'action des bactéries nitrifiantes (qui transforment l'ammoniaque en nitrates) diminue aussi le pH. Les antibiotiques introduits dans l'aquarium détruisent les bactéries nitrifiantes. Il faut donc après chaque traitement réensemencer l'aquarium. Les plantes qui utilisent du gaz carbonique font monter le pH. Il est très important de surveiller la flore (quantité, couleur...). Les roches calcaires ou le sable contenant du calcaire augmentent le pH.
La modulation du pH a des effets précis. Le poisson essaie de sauter hors du bac. Il semble très excité et peut mourir rapidement. La respiration est très rapide, l'animal s'asphyxie. Ceci se produit en cas de variation brutale. Les effets sont alors les mêmes dans un sens ou dans l'autre. Pour des modifications plus modérées, les symptômes sont différents pour une hausse ou une baisse. Dans le premier cas, la peau devient grise, les branchies se gonflent et la nage est désordonnée. Dans le second, on observe un dépôt de mucus gris ou noir sur les branchies, la peau est terne.
La modification de sa dureté peut être due à l'évaporation de l'eau qui augmente sa concentration et donc la dureté. Ceci est le cas des aquariums à l'air libre. Les changements d'eau agissent sur ce facteur (dans un sens ou dans l'autre) car l'eau apportée n'a pas les mêmes qualités.
Certains poissons ont besoin d'une dureté qui ne convient pas à d'autres. Attention donc lors du mélange des espèces !
Même si la dureté ne change pas dans l'aquarium, le passage du poisson d'une eau à l'autre équivaut pour lui à un changement de paramètre et entraîne donc des troubles.
Une élévation de la dureté provoque une nage sans coordination, un manque d'appétit et un début d'asphyxie. Une diminution s'exprime par une immobilité du poisson, une sensibilité exacerbée aux maladies.
Une diminution du métabolisme et de l'activité des animaux ainsi qu'un assombrissement des branchies et un manque d'appétit sont observés lors de l'augmentation du taux des nitrites et ammoniaque.
L'augmentation des ammoniaques-nitrites-nitrates est due à une surpopulation, ce qui augmente les déjections. La présence de nourriture non consommée est aussi à l'origine de cette augmentation.

L'alimentation

Les principes de base

Connaissez parfaitement le régime alimentaire de vos poissons (herbivores, carnivores...) afin de bien adapter leur nourriture à leurs besoins.
Ne suralimentez pas vos poissons, nourrissez-les peu à chaque fois mais deux fois par jour. Enlevez les excès de nourriture, ils sont source de pollution. Le repas des poissons ne doit pas durer plus de cinq minutes.
La nourriture lyophilisée constitue une base parfaite.
Les vitamines ont également un rôle essentiel pour les poissons. La vitamine A est utile pour la sécrétion du mucus et le maintien de la pigmentation. La vitamine D régule le métabolisme du calcaire et du phosphore. La vitamine E permet le bon fonctionnement du cycle de l'oxydation. La vitamine B1 joue un rôle dans la digestion.

Les types d'aliments

La nourriture séchée se présente sous forme de flocons, comprimés ou granulés. Les flocons sont très économiques et faciles à donner. Les granulés sont très peu polluants. Les comprimés sont adaptés aux poissons de fond. Les aliments qui flottent sont destinés aux poissons de surface.
La nourriture congelée est facile à conserver et assure un bon apport en vitamines.

Dans la nature, il est facile pour les poissons d'adapter leur nourriture à leurs besoins. Mais en aquarium, c'est à vous d'y veiller (© H. Vassal/Alpha Oméga)

La nourriture vivante est à donner pour assurer l'apport en vitamines.
Certaines espèces n'acceptent que la nourriture vivante.
Des distributeurs de nourriture existent en cas d'absence prolongée.
Pour avoir des poissons bien portant, n'hésitez pas à varier leur nourriture.
Les régimes alimentaires sont différents selon les poissons. Les cyprinidés sont en majorité omnivores. Les characidés sont presque tous carnivores dans la nature mais omnivores en captivité. Les cobitidés préfèrent les comprimés. Les silures sont plutôt herbivores.
Les préparations du commerce sont souvent complètes et équilibrées.

La reproduction

La plupart des poissons sont ovipares, c'est-à-dire qu'ils pondent des œufs, mais il existe aussi des espèces vivipares dont les petits naissent déjà formés. Chez ces dernières, à l'exception des cas particuliers, les œufs se développent dans le corps de la femelle mais ne reçoivent pas de nourriture, contrairement à ce qui se produit chez les mammifères.

Il faut néanmoins savoir que la reproduction en aquarium d'ensemble est exceptionnelle. Elle peut se produire par hasard chez les poissons vivipares mais pas chez les ovipares, pour la simple raison que les œufs seront mangés par les poissons de l'aquarium, voire par les parents eux-mêmes.

Lorsque l'on souhaite cependant faire reproduire ses poissons malgré tout, il faut pour cela installer des aquariums uniquement destinés à cette fonction, et dans des endroits tranquilles de la maison.

La reproduction en aquarium d'ensemble reste exceptionnelle (© C. Vast)

Les pathologies

Il est très important pour les aquariophiles débutants de savoir déceler les signes d'un mauvais état du milieu biologique de l'aquarium. En effet, les répercussions sur la santé des poissons seront immédiates.

Les premiers signes

Le novice doit savoir reconnaître une affection de l'état général des poissons. La nage désordonnée, la respiration difficile, la

La beauté d'un aquarium dépend avant tout de la bonne santé de ses poissons (© Labat/Lanceau/Cogis)

décoloration sont autant de symptômes inquiétants. Il faut signaler que certains poissons nagent naturellement au fond de l'aquarium, ce qui est pathologique pour d'autres, et que la décoloration peut aussi survenir avec l'âge.
Si un poisson est malade, il n'y a rien d'alarmant mais s'ils périssent les uns après les autres, il faut suspecter un problème de milieu.

Les témoins numéro 1 !

Les plantes et les mollusques sont de très bons « signaux » vivants mais il faut aussi savoir observer l'eau.
La mort importante des mollusques est un signe de pathologie de l'aquarium et non de mauvaise santé de ces petites bêtes.
Les mesures à prendre sont la vérification de toutes les qualités de l'eau (pH, lumière, température, etc.).
Le dépérissement des plantes de décoration est souvent dû à une lumière insuffisante ou à un sol trop pauvre. Il faut alors augmenter l'éclairage, en faisant attention qu'il ne chauffe pas l'eau, et veiller à ce que des poissons ne mangent pas les plantes (comme les poissons herbivores).

Les algues

La présence d'algues est toujours mauvais signe. Leur développement est parfois dû à de mauvaises conditions d'entretien. Il faut aussi regarder leur couleur (qui est celle donnée à l'eau) pour parfaire le diagnostic.
Les algues vertes (eau verte) sont dues à un excès de lumière naturelle. Il faut alors changer le bac d'emplacement. Si la situation ne s'améliore pas, il faut le nettoyer puis le laisser dans le noir un à deux jours. Vous pouvez aussi acidifier l'eau.
La croissance d'algues brunes (eau brune) est due au contraire à un éclairage insuffisant. Il suffit d'augmenter la lumière pour les voir disparaître ou de renouveler une partie de l'eau. On peut aussi avoir recours à des produits anti-algues.
L'eau est à observer avec attention. Un aspect trouble s'installe en présence de bactéries. Une alimentation trop importante conduira aussi à ce phénomène. La nourriture des poissons est un domaine très délicat pour les acheteurs. Il est bon d'insister afin que les amateurs sachent se priver... de donner à manger ! Si cela arrive, il faut renouveler l'eau, augmenter l'aération ou mettre des plantes.
En cas de mauvaise odeur (souvent de fermentation), il faudra rechercher l'éventuelle présence de poissons morts ou de débris si les congénères les ont dévorés. L'excès de nourriture est aussi à l'origine de fermentations. Le propriétaire doit être conscient que la surveillance d'un aquarium est quotidienne même si le système de filtration est performant. Retirer les cadavres est un acte primordial pour le maintien de l'hygiène.
Le fond du bac doit attirer l'attention du propriétaire. La présence d'une couche blanche est souvent due au développement de champignons. Il faut dans ce cas renouveler l'eau en prenant toutes les précautions nécessaires pour ne pas modifier la température.

La prévention et les traitements

Les maladies sont souvent causées par l'introduction de nouveaux poissons sans précaution ni isolement. Les mauvaises conditions de milieu peuvent aussi entraîner certaines pathologies. Nous vous rappelons quelques principes de prévention.
Il ne faut pas mettre trop de poissons (mauvaise oxygénation) dans un même aquarium, il faut respecter une quarantaine des nouveaux arrivants, procéder à des bains désinfectants avant introduction dans l'aquarium, isoler un animal malade et surveiller constamment les paramètres de l'eau. Quand une pathologie se présente, il est primordial de tester l'eau : la dureté, le pH, les nitrites et matières azotées (grâce à des bandelettes).
Il faut agir sur les poissons mais aussi sur le milieu. En effet un germe peut trouver refuge dans l'eau. Les bains traitants prescrits peuvent avoir une certaine toxicité pour les branchies. Il est préférable de mettre les poissons à jeun. Il faut toujours vérifier l'oxygénation pendant un traitement. Il est même souhaitable d'utiliser un autre aquarium.
Lors d'introduction de médicaments dans l'aquarium, il faudra toujours filtrer l'eau

après traitement avec du charbon de bois activé ou changer l'eau traitée (il y a en effet une action sur les filtres. Il faudra donc les couper pendant le traitement). Il faut aussi remettre des bactéries qui ont été détruites. Il faut toujours garder les poissons morts afin de les montrer au vétérinaire qui pourra pratiquer des recherches de parasites, bactéries... par des prélèvements (mucus, branchie). En effet, seuls des prélèvements et observations microscopiques peuvent parfois permettre un diagnostic précis. Le tableau qui suit permettra de vous orienter en cas de pathologie. Il vous faudra faire appel à un vétérinaire pour les traitements ainsi que pour un diagnostic précis.

Les pathologies principales

Les pathologies principales des poissons sont les troubles du comportement, les troubles digestifs, les problèmes « dermatologiques » et les problèmes oculaires.

LES MODIFICATIONS DU COMPORTEMENT

Modification	Affection	Premières mesures
Frottement contre des pierres	Gyrodactylose : maladie de la peau et des branchies (contagieux) ; oodiniose ; costiose	Traitement antiparasitaire (vers = trématode) enlever le parasite
Nage sur place	Gyrodactylose	Désinfecter
Nageoires collées	Gyrodactylose	Antiparasitaire
Nage en spirale	Maladie du tournis (rare)	Aucun traitement
Trouble de l'équilibre	Plistophorose (contagieux)	Acidifier le pH
Poisson à la surface	Pipage d'air	Enlever des poissons et oxygéner

Les problèmes cutanés

Pourriture des nageoires

Elle débute par la nageoire caudale. On observe un épaississement des nageoires puis une désagrégation (due à des bactéries pseudomonas). Elle est très contagieuse. Elle est due à un mauvais entretien et au stress des poissons.
Traitement : antibiotique et oxygénation (éviter le stress).

Présence de mucus

La costiose : « vers de la peau ».
La gyrodactylose : mucus gluant, le poisson est terne et se gratte.
Il y a parfois des hémorragies cutanées.
Traitement : antiparasitaire et antibiotique (évite la surinfection).

Ulcères

– La furonculose : furoncle, hémorragie (mortalité soudaine). Traitement par antibiotiques ;
– la tuberculose (contagieuse, parfois mortelle) : attention, il existe un risque de contamination par les mains à l'homme. Nodules et ulcères. État général très mauvais (ressemble à l'ichtyophtiriose). Aucun traitement efficace ;
– l'ichtyophtiriose : en fin d'évolution (vésicules éclatant et donnant des ulcères) ;

res. Les petits sortent pour la plupart de l'œuf à l'extérieur mais certains reptiles donnent naissance à des petits dont l'éclosion a eu lieu juste avant la ponte ou qui se sont développés grâce à un placenta.
Chez les ovipares, deux à trois mois après la fécondation, la femelle pond ses œufs dans un nid creusé dans la terre ou dans des trous naturels (rochers) ; c'est le cas des tortues ou des crocodiles.
La durée d'incubation est ensuite variable en fonction de l'espèce (quatre-vingts à cent vingt jours chez les tortues, deux à trois mois pour les couleuvres, huit semaines chez les pythons...).
Pour les espèces exotiques, la température d'incubation est de 30 °C.
Les œufs des reptiles présentent une coquille qui est plus ou moins fragile et fine selon les espèces. Les tortues d'eau douce ont des œufs à coquille molle.
Chez les ovovivipares (vipères), l'œuf ne s'ouvre qu'à la naissance après neuf à onze semaines de gestation.
Chez les vivipares (boa, certains lézards), la naissance des petits a lieu six mois après l'accouplement et la fécondation des œufs.

Les petits

Les espèces qui ne s'occupent pas de leurs petits comme les tortues en ont énormément. Les mères attentives comme les crocodiles en font moins car plus d'entre eux survivent.

Les tortues ont en général énormément de petits (© Alexis/Cogis)

PRÉSENCE DE POINTS BLANCS		
Affection	**Symptômes**	**Remède**
Ichtyophtiriose (très contagieux) ;	Points blancs sur les branchies	
Maladie de la rouille (oodiniose) (très contagieux) ;	Points blancs à contour flou ; « poussière dorée » sur le corps ; crustacés parasites	Bains antiparasitaires
Ergasilose	Points blancs à contour très net sur le corps, les nageoires et les branchies	
Argulose « poux du poisson »	Points rouges ; crustacés parasites qui piquent	

PRÉSENCE DE DUVET		
Affection	**Symptômes**	**Remède**
Maladie de la mousse ou saprolégniose (peu contagieux)	Filaments blancs sur le corps ; taches blanches qui ressemblent à du coton	Bains
Columnariose (très contagieux)	Corps, duvet visqueux, aspect terreux, mousse au niveau de la bouche	Antibiotiques

– la columnariose : phase finale ;
– le trou de la tête des cychlidés : pourriture des tissus puis formation d'un ulcère ;
– la plistophorose : ulcère sur le dos, affaiblissement du poisson. Paralysie et troubles de l'équilibre ;
– les blessures (pierre, bagarres).

« Boules » et grosseurs

– La maladie lymphocytaire : formation de tumeurs sur les nageoires (très rare). Il n'existe aucun traitement ;
– la myxobolose : boules blanchâtres sur la peau du poisson ;
– la nodulose : nodules de 5 millimètres sur le corps, apathie mortelle. Aucun traitement.

Les troubles digestifs

Amaigrissement avec perte d'appétit

– L'hexamitose (parasites de l'intestin) : excréments blancs ressemblant à du mucus, anorexie ;
– les nématodoses (dues à des vers : les nématodes) : excréments floconneux, ventre gonflé, vers rouges à l'anus ;
– la coccidiose : apathie, anorexie, rougeurs sur la peau. Très contagieux. Aucun traitement ;
– la trypanoplasmose : yeux enfoncés, assombrissement. Aucun traitement ;
– la cestodose ;
– la nocardiose : exophtalmie. Traitement par antibiotiques.

Constipation

Elle se concrétise par un ballonnement (fréquent chez les poissons japonais). Sortir le poisson de l'eau et lui donner de l'huile de ricin.

ATTENTION AUX YEUX

L'exophtalmie est l'atteinte oculaire principale des poissons. On observe un gonflement de l'œil. Il est dû à la formation d'une poche gazeuse en arrière de l'œil. Vérifier la qualité du milieu.

Les principales espèces et variétés de poissons d'eau douce

Nous nous limiterons ici volontairement à ceux dont l'acclimatation en aquarium d'eau douce se fait facilement. La liste non exhaustive qui suit regroupe les poissons par familles et selon la température idéale de l'eau dans laquelle ils évoluent.

© E. Gessac/Alpha Oméga

LES POISSONS D'EAU DOUCE FROIDE

La température de l'eau est comprise entre 14 et 17 °C pour maintenir leur équilibre.

LE BLACK MOOR OU TÉLESCOPE NOIR

Il mesure jusqu'à 12 centimètres, son corps est noir velouté et ses yeux sont bulbeux.

LE CÉLESTE OU URANOSCOPE

Il fait 11 centimètres de long, est orange métallique, ses yeux sont exorbités et tournés vers le ciel, il est assez agressif.

LE FANTAIL OU QUEUE DE VOILE

Il mesure 9 centimètres, son corps est rond en forme d'œuf, il est nacré ou orange. La température idéale est de 8 à 20 °C.

LE POISSON ROUGE COMMUN

Il mesure 20 centimètres de long à l'âge adulte, il est orange, rouge. La température de l'eau doit être comprise entre 0 et 20 °C.

LE RED CAP OU CASQUE ROUGE

Sa taille est de 9 centimètres, il est nacré ou métallique.

Maître idéal

Les enfants sauront parfaitement s'occuper de ces poissons idéaux pour une première acquisition.

Queue de voile orange (© C. Vast)

Poisson rouge (© C. Vast)

Les poissons d'eau douce chaude

La température est alors de 20 à 25 °C.

Les ovovivipares

Le black molly

Originaire du Mexique, le black molly est omnivore. Son acclimatation et sa reproduction sont faciles. Il mesure 7 centimètres à l'âge adulte, il est noir, la femelle est plus grosse que le mâle.
La température doit être de 24 °C et il faut ajouter une cuillerée à café de sel pour 5 litres d'eau ou plus en l'absence de plantes.

Black molly moucheté

Le guppy ou *Poecilia reticulata*

Le guppy préfère les bacs avec de nombreuses plantes ; il est omnivore. La reproduction et l'acclimatation sont faciles. Il existe de nombreuses variétés en fonction de leurs robes. La taille adulte est de 3 centimètres, la femelle est plus grosse mais plus terne que le mâle. La température doit être un peu inférieure à 24 °C.

Le velifera ou *Poecilia velifera*

Le velifera est originaire d'Amérique centrale. Sa reproduction et son acclimatation sont faciles. Il mesure 12 centimètres. Le corps a des reflets bleu et vert ou blanc et or. Il est parsemé de points irisés. Le mâle possède une grande voilure sur la nageoire dorsale. Il faut rajouter une cuillerée à café de sel dans l'eau.

Superbe guppy (© Labat/Lanceau/Cogis)

LES POISSONS TROPICAUX D'EAU DOUCE

LES ANABANTIDÉS

LE COMBATTANT OU *BETTA SPLENDENS*

Il est originaire de Thaïlande, il construit un nid de bulles dans lequel il dépose ses œufs. Il est omnivore. Les mâles sont très agressifs entre eux, d'où le nom qui leur a été donné.
Il mesure 6 centimètres.
Il existe de nombreuses variétés de couleurs.

LES CHARACIDÉS

LE *MOENKAUSIA PITTIERI*

Il est originaire d'Amérique du Sud. L'acclimatation et la reproduction sont assez faciles. Il est omnivore. Il mesure jusqu'à 6 centimètres.

Tétra néon ou néon bleu (© Labat/Lanceau/Cogis)

LE NÉON BLEU OU *TETRA NEON*

Il est omnivore, sa reproduction est facile mais il est peu prolifique. Il mesure 4,5 centimètres. Il est rouge avec une ligne bleu-vert.

LE NÉON ROUGE OU *NEON CARDINALIS*

Il est originaire d'Amérique du Sud. Son acclimatation est facile mais sa reproduction ne l'est pas. Il est omnivore. Il mesure 4 centimètres, l'abdomen est rouge vif et le dos est bleu.

LE POISSON HACHETTE RAYÉ OU *CARNEGIELLA STRIGATA*

Il est originaire d'Amérique du Sud ; c'est un poisson sauteur, il faut donc couvrir le bac. Il lui faut des grandes feuilles car il a besoin d'ombre. L'acclimatation est facile mais la reproduction ne l'est pas.

L'*APISTOGRAMMA RAMIREZI*

Ce poisson est très sensible aux changements de la qualité de l'eau, donc très fragile. Il est originaire d'Amérique du Sud. Il est omnivore, sa reproduction est facile (il pond ses œufs dans un trou creusé dans le gravier). En revanche, l'acclimatation est difficile. Sa taille est de 7 centimètres, il est très coloré.

LE DISCUS OU *SYMPHYSODON DISCUS*

Comme son nom l'indique, ce poisson a une forme de disque. Il est originaire d'Amérique du Sud, il est très fragile. Son acclimatation est difficile ainsi que sa reproduction. Il mesure 15 centimètres, est brun.

Discus bleu (© F. Desachy)

LE *LAMPROLOGUS BRICHARDI*

Ce poisson a besoin qu'on lui fournisse de nombreuses roches disposées dans le bac. Il est originaire du lac Tanganyika. Son acclimatation et sa reproduction sont assez difficiles. Il est omnivore. Il mesure 10 centimètres, est de couleur beige, ses yeux sont bleus.

Magnifique scalaire (© Labat/Lanceau/Cogis)

LE PELMATO OU *PELVICACHROMIS PULCHER*

Il est originaire de l'Afrique de l'Ouest. Son acclimatation est facile ainsi que sa reproduction. Il est omnivore. Sa couleur de base est le brun avec une zone pourpre sur chacun des flancs.

LE SCALAIRE

Il est originaire d'Amérique du Sud. Son acclimatation est assez facile contrairement à sa reproduction. Il est omnivore. Il mesure 11 centimètres, il est argent strié de noir mais il existe de nombreuses variétés d'élevage.

Les cobitidés

Le botia-clown ou *Botia macracantha*

Il est originaire d'Asie du Sud-Est, il vit en groupe. Il mesure 12 centimètres, il est de couleur orange avec trois raies noires.

Le kuhli ou *Acanthophtalmus kuhli*

Il est originaire d'Asie du Sud-Est. Son acclimatation est facile. Il est omnivore, apprécie les vers. Sa reproduction est très rare en captivité. Il mesure 11 centimètres, son corps ressemble à celui d'un serpent avec des raies noires et brunes.

Les cyprinidés

Le barbus titteya

Il est originaire du Sri Lanka. Le mâle devient rouge éclatant au moment de la reproduction. Son acclimatation et sa reproduction sont faciles. Il est omnivore. Il mesure 5 centimètres au maximum.

Le danio rerio ou *Brachydanio rerio*

Il est originaire d'Inde. Son acclimatation est facile ainsi que sa reproduction mais les parents risquent de manger les petits. Il mesure 5 centimètres, il possède des raies horizontales bleues et des bandes argentées ou dorées.

Le requin à queue noire ou *Labeo bicolor*

Il est originaire de Thaïlande. Son acclimatation est facile malgré une certaine agressivité.
Sa reproduction est difficile. Il est omnivore et mange parfois des algues. Sa taille adulte est de 12 centimètres.

Banc de danios (© Labat/Lanceau/Cogis)

LE PLECO OU *HYPOSTOMUS*

Il est originaire d'Amérique du Sud. Son acclimatation est facile mais sa reproduction est très difficile. Il mesure jusqu'à 25 centimètres, son corps est de couleur brune, sa bouche a une forme de ventouse.

LE SILURE DE VERRE OU *KRYPTOPTERUS BICIRRHIS*

Ce poisson-chat vient d'Asie ; son acclimatation est assez difficile. Il mesure 9 centimètres et est transparent.

LE SYNODONTIS OU *SYNODONTIS NIGRIVENTRIS*

Il est originaire d'Afrique centrale. Son acclimatation est facile, sa reproduction difficile. Il est omnivore, de couleur brune et se tient souvent le ventre tourné vers la surface.

Maître idéal

Le prix de ces poissons étant parfois élevé, des adultes sauront éviter les risques de mortalité.

Silures de verre (© C. Vast)

LES REPTILES

© Dubois/Cogis

Avertissement

Il est très délicat de conseiller l'achat d'un reptile comme animal de compagnie. Ce sont des espèces qui peuvent être détenues en captivité si l'on reproduit parfaitement le milieu de vie naturel. Nous ne pouvons pas ignorer ces espèces dans un ouvrage sur les NAC. Mais elles doivent exclusivement être détenues par des personnes ayant des connaissances de base très solides en biologie qui leur permettront de comprendre le mode de vie de leur animal et de s'intéresser à son métabolisme.

La curiosité et le désir d'originalité sont à proscrire pour le choix et la décision d'achat d'un reptile.

Nous ne présentons que des espèces dont la vente est autorisée en France. Respectez ces conditions en tant qu'acheteur.

Dans la classification des animaux, les reptiles occupent une classe. Elle est subdivisée en ordre dont celui des lépidosauriens, des crocodiliens et des chéloniens.

Dans les lépidosauriens, il existe plusieurs subdivisions : les ophidiens ou serpents (vipères, couleuvres, boas...), les sauriens (iguanes, caméléons, lézards, geckos, varans...). Les chéloniens regroupent les tortues.

Les tortues aquatiques ont une carapace plutôt aplatie, un cou allongé et des pattes palmées. Les tortues terrestres possèdent une carapace très bombée, des pattes massives munies de gros ongles.

Il faut absolument se renseigner avant d'acquérir une tortue car leur capture, leur vente et leur détention sont dans de nombreux cas interdites. De plus, les tortues sont très sensibles aux conditions de détention et développent de nombreuses pathologies. Parmi les ophidiens, il existe deux sous-familles : les boïdés avec le boa constricteur, et l'anaconda. Les pythonidés sont représentés par le python royal, le python réticulé et le python molure…

Les reptiles sont des vertébrés tétrapodes (sauf les serpents) mais qui sont à sang froid. Cela signifie que la température de leur corps varie avec celle de l'extérieur.
On dit des reptiles qu'ils sont poïkilothermes. C'est ainsi que pour se réchauffer, ils prennent de nombreux bains de soleil.

L'anatomie des reptiles

La particularité anatomique des reptiles est la présence d'un cerveau très petit et d'un cœur à trois cavités. Leur respiration est pulmonaire.
Certains reptiles ont trois paupières comme les crocodiles, d'autres comme les serpents n'ont pas de paupière mobile. Une fine membrane recouvre leurs yeux et les protège. Ils ont tous une peau sèche couverte d'écailles plus ou moins épaisses qui les protège du milieu extérieur. Les dents sont renouvelées durant toute la vie de l'animal. Chez les chéloniens (tortues), les dents sont remplacées par un bec corné.

L'organe de Jacobson

C'est un organe « récepteur olfactif ». Cela signifie que grâce à lui le reptile sent les odeurs. Cette organe est situé près des fosses nasales. Les informations concernant l'air sont recueillies par la langue bifide (dédoublée) et sont transmises à l'organe de Jacobson qui en tire les conclusions utiles.

La langue des reptiles

Elle peut être utilisée à la capture des proies ou comme organe olfactif. Les chéloniens (tortues) et les crocodiliens ont une langue lisse, large et épaisse. Ses mouvements sont réduits.
Les lézards présentent tous les types de langue :
– charnue chez le gecko, l'agame, les caméléons ;
– longue et fourchue chez le varan.
Leur langue est très mobile latéralement et verticalement.
Chez les serpents, la langue est allongée, très fourchue et très mobile.

Choisir un reptile comme animal de compagnie ne doit pas être le résultat d'un caprice (© Français/Cogis)

La contention

Les tortues

Le danger est surtout représenté par le risque de morsures, et de griffures.
Pour les espèces dociles, elles seront tenues à une main par la carapace.
Les tortues plus remuantes seront tenues à deux mains et les espèces dangereuses nécessiteront des gants.

Les lézards

Les dangers viennent des morsures, des griffures, des écailles épineuses, et parfois de la queue très puissante.
Il est nécessaire de faire des mouvements très doux mais parfois rapides pour les espèces de petite taille. Deux mains sont parfois nécessaires ou même des gants.
Il faut veiller à se protéger mais également à ne pas blesser l'animal par des mouvements brusques.
Les lézards maintenus quelques instants sur le dos peuvent ensuite rester immobiles.

Les serpents

Même chez les non-venimeux, les dents sont dangereuses. Le danger vient également du risque de constriction chez les boïdés qui s'enroulent autour du bras. Certains colubridés utilisent leur queue comme un véritable fouet. Attention, certains serpents urinent ou lachent leurs glandes anales. La queue doit donc être maintenue en arrière du cloaque.

Ce sera donc principalement à la tête qu'il faut porter attention. Elle sera tenu et le corps enroulé le long du bras. En cas de morsure, il est préférable de ne pas retirer la main brusquement mais d'attendre que l'animal lâche prise pour détacher les mâchoires. Pour les serpents venimeux, le port de lunettes est parfois nécessaire. Les serpents sont toujours transportés dans des sacs en toile et l'animal est saisi avec des pinces.

La tête du serpent doit être tenue et le corps enroulé le long du bras (© P. Violle/Alpha Oméga)

L'habitat

Le milieu de vie est primordial pour les reptiles. Il faut essayer de reconstituer au mieux les conditions de vie naturelles pour éviter le stress responsable de nombreuses pathologies.
Une fois le mode de captivité choisi (terrarium, semi-liberté...), il faut respecter les valeurs des paramètres nécessaires au bien-être de l'animal.
La moindre variation de ces facteurs (lumière, température...) peut être fatale pour les animaux.

Le terrarium

Le choix et l'installation d'un terrarium se font surtout en fonction des espèces. Il faut en premier lieu se préoccuper de leur mode de déplacement puis du milieu naturel dans lequel ils vivent, et de leur taille.

Lézards : 15 à 80 centimètres de long.
Serpent : de 1 à 10 mètres de long.
Tortues : de 10 à 30 centimètres de long.

Pour les espèces arboricoles (boa constricteur, python), il faut prendre un terrarium en hauteur. Il faut toujours tenir compte de la taille de l'animal.
Pour les espèces fouisseuses, le sol doit être fait de sable très fin.
Pour les espèces non fouisseuses, l'argile peut être utilisée.

Pour les espèces européennes (lézards, couleuvres), le terrarium doit être sec et non chauffé. En revanche, le terrarium est sec et chauffé (cacher les résistances pour éviter les brûlures) pour les animaux des milieux désertiques. Les reptiles tropicaux (iguanes) nécessitent un terrarium humide.

Le fond

Il peut être composé de billes d'argile ou de tourbe.

LES DIFFÉRENTS TYPES DE TERRARIUM

Sec non chauffé : lézards.
Sec chauffé : tortues terrestres.
Humide : reptiles.
Aquaterrarium (deux tiers eau, un tiers terrestre) : tortues aquatiques, certains serpents.

Les accessoires

Ils ne sont en fait pas accessoires du tout ! Ils assurent la reproduction parfaite du milieu de vie naturel, condition indispensable à la survie du reptile.

Le chauffage

Il est assuré par un cordon ou un film chauffant que l'on aura soin de cacher en profondeur ou sous le terrarium afin que l'animal ne se brûle pas.

L'éclairage

Il permet de reconstituer le rythme jour-nuit et assure une source de rayons UV indispensable à la synthèse de la vitamine D, nécessaire à la fixation du calcium.
Cela permet une bonne croissance.

Les décors

Il ne faut pas oublier, pour les animaux qui muent, une pierre ou du bois pour faciliter la mue (les animaux pourront s'y frotter). L'animal doit aussi disposer d'une cachette : des plantes, des cailloux, des grosses branches.
Il vous faudra ensuite respecter des paramètres d'entretien indispensables à la vie de l'animal.

Les paramètres vitaux

Ce sont le degré d'hygrométrie (ou taux d'humidité), la qualité de la boisson, la température, la lumière et l'aération.

Le taux d'humidité

Dans la majorité des cas, il faut respecter 50 à 70 % d'humidité mais certains reptiles (boa) vivent avec un taux allant jusqu'à 80 %.
La surveillance doit être constante (avec un hygromètre). Dès que le taux diminue, il faut pulvériser de l'eau (une moyenne d'une fois par jour sur le décor est nécessaire). Pour le maintien de l'humidité, la présence de plantes est très importante. Il faut les choisir en fonction du milieu de vie naturel du reptile.
Il faut toujours penser à abreuver les reptiles. Certains boivent dans un récipient (rempli d'eau potable !) comme les serpents et tortues, d'autres comme les iguanes ou lézards boivent l'eau sur les feuilles ou lèchent les pierres mouillées, il faut donc penser à les vaporiser régulièrement.
Il faut, en terrarium, reproduire la variation de température due aux cycles jour-nuit (30 °C le jour en moyenne et 23 °C la nuit ; cela peut être fait avec un thermostat horaire).

La température

Le mieux est de chauffer le local dans lequel se trouve le terrarium. Sinon, il faut faire attention que l'animal ne puisse pas se brûler (si le chauffage est interne, le cacher). Il faut toujours laisser une zone du terrarium non chauffée afin que l'animal puisse choisir sa température. C'est le paramètre le plus délicat à régler mais aussi le plus fondamental pour les reptiles. Les possesseurs amateurs ne se concentrent pas assez sur ce problème.
De plus, les variations de température entre le jour et la nuit en milieu naturel doivent être reproduites en captivité.

L'éclairage

La lumière sert à éclairer bien sûr ! mais aussi à assurer une source suffisante d'UV pour la synthèse de la vitamine D. Cette vitamine est indispensable pour la croissance des reptiles (une carence provoque des troubles de calcification et de la carapace). Les lampes à infrarouges sont à éviter car elles dessèchent l'air.

L'aération

La circulation d'air est assurée par des grilles. Il faut veiller à ce qu'il n'y ait pas de courants d'air (les reptiles sont sensibles aux problèmes pulmonaires).

LES TORTUES

Si vous souhaitez avoir une tortue en plein air, il vous faudra un jardin très ensoleillé, clôturé avec un abri et la protéger contre les prédateurs éventuels. Sinon un vivarium sera nécessaire.
Il doit être assez grand avec des branches, des écorces et un abri. Un bac d'eau est indispensable même pour les espèces terrestres. Le chauffage sera coupé la nuit. L'hivernation sera réalisée dans un jardin ou dans un endroit frais de 0 à 6 °C. Il faut surtout éviter le gel.

Une tortue en plein air a besoin de beaucoup de soleil (© H. Vassal/Alpha Oméga)

L'alimentation

L'adaptation de l'alimentation à l'espèce est fondamentale pour les reptiles. C'est une des conditions de leur survie en captivité. Il est donc prudent de ne pas posséder trop d'espèces car la « carte » sera trop importante et vous auriez du mal à suivre.
Il n'existe aucune unité dans le régime alimentaire des reptiles ni dans leurs besoins. De plus les goûts sont très variés. Certains reptiles veulent des souris, d'autres des gerbilles.

Le régime

Certains reptiles sont carnivores (les serpents), d'autres végétariens (certaines tortues), d'autres mixtes (lézards). Un reptile peut être carnivore durant sa croissance puis manger des plantes lorsqu'il vieillit.

Les horaires

Les repas peuvent se prendre, selon les espèces, de jour ou de nuit. Les tortues et les lézards mangent souvent le jour et les serpents la nuit. Vous devez respecter ce cycle et mettre la nourriture dans la cage en fonction des habitudes de votre animal.

Le rythme

Certains reptiles mangent une fois par semaine (serpents), d'autres mangent tous les jours (tortues, lézards).
Certains serpents mangent une fois par mois. Il est très important de connaître le rythme alimentaire d'un animal, on évite ainsi de mettre trop de nourriture dont l'accumulation et la putréfaction favorisent le développement de bactéries.

Les proies vivantes

Les reptiles ayant besoin de chasser pour capturer une proie puis l'ingérer ne doivent pas s'acheter à la légère. En effet, cela obligera le propriétaire à faire un élevage parallèle d'animaux vivants destinés à l'alimentation de son reptile.
Chaque reptile a ses techniques de chasse. Il faut donc bien connaître le comportement alimentaire de son animal pour lui permettre de retrouver des conditions naturelles de chasse.

L'eau

Les besoins en eau varient en fonction de la quantité d'eau contenue dans la proie. Les selles des reptiles sont très sèches et permettent une perte d'eau minimale.
La plupart de ces animaux vivant à l'état naturel dans des pays chauds, ils sont très adaptés au manque d'eau.
Ils ne savent pas boire dans des récipients ni au biberon. Il faut donc humidifier le milieu afin qu'ils s'abreuvent grâce aux gouttes d'eau.

Les espèces

Les serpents

Les serpents sont tous carnivores mais ne mangent pas tous la même chose. Certains ont des spécialités et n'en « démordent » pas. Il est tout de même important d'essayer de varier les aliments pour éviter les carences en vitamines et en oligo-éléments que peut entraîner un régime constant.
Les serpents mangent des œufs, des vers de terre, des grenouilles, des oiseaux et des petits rongeurs. Ils avalent leur proie en entier, en commençant par la tête, après avoir, pour certains, chassé à l'affût (comme les boas).
La digestion s'effectue en cinq jours.
Attention, il ne faut pas mettre une proie pour deux serpents. Il existe un risque de cannibalisme accidentel entre les deux serpents.

Les lézards

Les lézards mangent des souris, parfois des poissons. Certains varans consomment des insectes et des rongeurs.

Les iguanes

Les iguanes sont végétariens (salade, fruits – poires, bananes –, carottes) mais mangent aussi des insectes, limaces, vers.

Les caméléons

Les caméléons mangent des vers et des grillons ou sauterelles.

Les tortues

Terrestres, elles sont herbivores ou omnivores. Elles mangent des choux, des carottes, des pommes, de la laitue... Les tortues aquatiques peuvent être nourries avec des croquettes à chat, des vers de terre, des petits poissons.

Les compléments

Des mélanges vitaminés doivent être donnés régulièrement.
Les reptiles ont besoin d'un apport en calcium et en phosphore régulier.

Boa constricteur se nourrissant d'une proie vivante (© P. Violle/Alpha Oméga)

LES APPORTS EN VITAMINES		
Vitamine	**Sources animales**	**Sources végétales**
A	Lait, foie de morue, abat, jaune d'œuf	Chou, pissenlit, persil, carotte
B1	Produits laitiers	Levures
C		Agrumes, fraise, épinards
D	Foie de morue, jaune d'œuf	Végétaux
E	Jaune d'œuf	Germe de blé

Les iguanes sont essentiellement végétariens (© Français/Cogis)

La reproduction

La reproduction des reptiles est très dépendante des conditions d'environnement (lumière, température...).
Il est parfois difficile de reconstituer les conditions idéales en terrarium. La reproduction est parfois difficile.

Mâle-femelle

Il n'y a pas chez les reptiles de XX féminin ou de XY masculin.
Les chromosomes ne sont pour rien dans le sexe, il s'agit simplement d'une question de température.
Chez l'alligator, par exemple, les températures inférieures à 31 °C donnent des femelles.
Chez les tortues, les femelles sont plus grosses.
La queue des mâles est plus longue et plus épaisse à la base qui renferme le pénis.
Chez les terrestres, le plastron est plus concave chez les mâles.
Chez les aquatiques, les mâles ont des griffes plus longues.

Le cycle sexuel

Chez les tortues d'eau douce, la maturité sexuelle intervient vers cinq ans, chez les terrestres vers douze ans.
Le boa peut reproduire vers quatre ans, les crocodiles vers vingt ans.
Comme chez les vertébrés supérieurs, le cycle sexuel dépend de la production d'hormones sexuelles sous contrôle des glandes cérébrales.
Les mâles sécrètent des androgènes et les femelles des œstrogènes.
Dans la nature, le cycle sexuel commence au printemps mais est fonction de la température, de l'humidité et du cycle jour-nuit.

L'accouplement

Il a essentiellement lieu au printemps. La fécondation des ovules est interne. Le sperme est déposé dans la femelle par un pénis parfois bifide.
Il peut avoir lieu dans l'eau.
Une particularité est la fécondation différée. Certains spermatozoïdes résistent des années chez la femelle et une fécondation peut avoir lieu sur des ovules d'années différentes.
Il se fait par l'accolement des cloaques chez les serpents. La parade amoureuse précède l'accouplement.
Les reptiles utilisent essentiellement les sons, le mouvement et les changements de couleur pour séduire leur partenaire.
Les lézards exhibent souvent leur crête et autres attributs.

La mise bas

La plupart des reptiles sont ovipares mais il existe des cas d'ovovivipares ou de vivipa-

Les pathologies

Nous insistons à nouveau sur le fait que le respect des conditions de vie est indispensable pour la bonne santé des reptiles. Cela demande une surveillance constante des paramètres décrits auparavant.
Il faut savoir évaluer l'état de santé d'un reptile.

Les signes d'un bon état général

Chez les serpents, les mouvements doivent être rapides, l'animal est toujours vif en état « d'alerte ».
La langue doit sortir à la moindre stimulation.
L'appétit est régulier (un serpent mange une fois par semaine).
Les mues se déroulent régulièrement et correctement (trois à six fois par an).
Les lézards doivent avoir les yeux ouverts, vifs, sans inflammation. La respiration se fait bouche fermée. Quand on les tient, ils doivent présenter de vifs mouvements de pédalage.

Les affections de la peau

La peau est l'organe qui souffre le plus en captivité chez les reptiles. Ce sont surtout des infections et des parasites dont ils souffrent.
Dès que la peau ne paraît pas saine, il faut réagir car cela n'est jamais bénin.

Comme tout autre animal de compagnie...

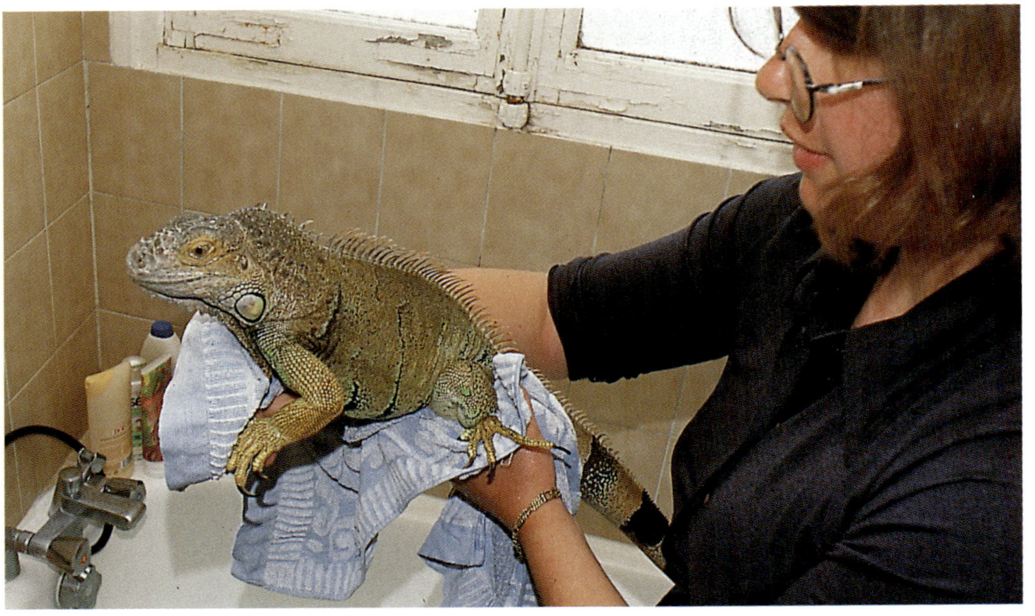

... l'iguane semble apprécier qu'on s'occupe de lui ! (© P. Violle/Alpha Oméga)

Les abcès

Ils font souvent suite à des blessures ou des morsures non soignées.
Ils passent inaperçus car ils sont souvent en profondeur sous la peau et contenus dans un kyste. Il est donc nécessaire d'inciser l'abcès pour le vider de son pus.
Des vitamines sont ensuite donner au reptile pour faciliter sa guérison.

L'excès d'humidité

Un terrarium trop humide peut entraîner une inflammation de la peau ou dermite. Apparaissent d'abord de petites vésicules sous les écailles qui se transforment ensuite en pustules, puis en ulcères profonds.
Une désinfection et une correction de l'humidité sont nécessaires.

Les acariens

Le tégument des reptiles est un réservoir d'acariens. Ceux-ci sucent le sang et sont difficiles à repérer. Les aoûtats se réfugient souvent sur les iguanes, les tiques sur les tortues terrestres. Des traitements antiparasitaires externes sont mis en place.

Les troubles de la carapace

Les tortues peuvent présenter un ramollissement de leur carapace, lié essentiellement à une carence en calcium, en vitamine D et en vitamine A. Les fractures se réparent avec de la résine.

Les troubles de la mue

Chez le serpent, il existe une mue tous les un à deux mois. Lors de mauvaises conditions d'alimentation ou d'humidité, la mue peut être difficile.

L'alimentation, l'apport en vitamines, le taux d'humidité sont des facteurs essentiels pour un bon état de la peau des reptiles.

Exemples de pathologies dues aux conditions de vie

Les blessures sont une des premières causes des problèmes cutanés. Les décors trop pointus (pierre...) entraînent des lésions de la face. La surpopulation peut conduire à des bagarres, notamment lors du repas. Attention aux brûlures dues au chauffage trop apparent. Les serpents se font parfois mordre par les proies.

Une mauvaise mue peut être due à un abreuvement insuffisant, il faut pulvériser de l'eau sur l'animal et dans le terrarium. Un éclairage trop fort ou trop faible ainsi que l'absence de supports pour se frotter empêchent une bonne mue.

Les troubles digestifs

Ils sont communs à tous les reptiles. Les plus fréquents sont les irritations de la bouche ou stomatites. Il existe aussi des diarrhées.

Les stomatites

Elles sont dues à une surinfection bactérienne d'une blessure de la bouche (provoquée par une proie ou la paroi de la cage). La présence de parasites favorise l'évolution de ces maladies. Certaines, comme la stomatite ulcéreuse, peuvent entraîner la mort. Les animaux ne s'alimentent plus. Des dépôts blanchâtres sont visibles sur la langue et autour de la bouche, il peut se dégager une très mauvaise odeur. Les serpents et tortues y sont très sensibles. Le traitement est local (badigeonner les plaies) et général. Certaines espèces comme le python sont prédisposées à ce type de pathologie et doivent être inspectées toutes les semaines pendant les premiers mois suivant leur acquisition.

Les entérites

Elles sont surtout parasitaires. Les parasites se trouvent dans le tube digestif. Il faut demander à un vétérinaire de pratiquer un examen des selles pour identifier les parasites en cause et effectuer un traitement spécifique. Il existe de nombreuses entérites à salmonellose surtout chez les tortues et les serpents. Les excès de nourriture trop fraîche (fruits, salade) provoquent la diarrhée chez les tortues. Une diète rétablit la situation. Les tortues, après l'hibernation, sont souvent constipées. Il faut pratiquer des bains d'eau tiède.

La perte d'appétit

Elle peut être due à une alimentation inadaptée. Les proies ne plaisent pas à l'animal. La mue diminue aussi l'appétit. Une température non conforme entraîne une anorexie. On a souvent recours au gavage pour maintenir l'animal en vie en attendant qu'il se réalimente seul.

La constipation

Les reptiles (surtout les lézards) ont tendance à manger des cailloux, du plastique ou leur propre mue. De très fortes constipations peuvent en découler et entraîner des occlusions. Un abreuvement insuffisant ou un changement brutal de régime alimentaire conduisent aussi à ce type de symptômes.

Les vomissements

La manipulation des animaux après le repas et des mauvaises conditions de température sont causes de vomissements.

Les troubles de l'alimentation

L'anorexie est fréquente en captivité. Le reptile refuse de s'alimenter. Cela est normal pendant la mue ou l'hibernation. Il faut dans ce cas changer l'éclairage (proche de la lumière solaire), varier la température, varier les proies, donner des vitamines. Le stress est souvent responsable de cette pathologie. On peut avoir recours au gavage à la main ou avec une sonde avec un mélange d'œuf et de lait.

LES VITAMINES

Carence	Symptômes
Vitamine A	Œdème des yeux
Vitamine B1	Perte de poids ; paralysie
Vitamine C	Rupture de la peau ; gingivite
Vitamine E	Affection musculaire
Vitamine D	Problèmes de croissance et osseux

Les troubles oculaires et respiratoires

Ce sont les affections des yeux les plus fréquemment remarquées par les propriétaires. Les troubles oculaires débutent souvent par un œdème de l'œil qui semble alors grossir. C'est un signe de carence en vitamine A (on peut utiliser des collyres mais il faut surtout traiter la cause). L'opacification des yeux des serpents lors de la mue est tout à fait normale.

Les serpents semblent assez sensibles aux pathologies respiratoires. Les pneumonies sont les affections les plus fréquentes. Elles sont transmises par les acariens et favorisées par les changements brutaux de température. Les premiers signes sont l'ouverture de la bouche et un écoulement du nez. Il faut instaurer un traitement antibiotique et mettre le serpent au chaud !

LONGÉVITÉ COMPARÉE DES TORTUES

Animal	Âge
Tortue rayée	189 ans
Tortue île Maurice	152 ans
Tortue des Galapagos	150 ans
Tortue boîte	85 ans
Tortue à cou de serpent	20 ans
Tortues à tempes rouges	7 ans

TABLEAU RÉCAPITULATIF

Reptiles	Température (en °C)	Humidité (en %)	Habitat
Boa constricteur	26-32	60-80	Terrestre
Python molure	25-30	70-80	Arboricole
Python royal	26-29	50-70	Semi-arboricole
Serpent jarretière	23-27	60-80	Semi-aquatique
Serpent roi	23-30	50-70	Terrestre
Tortue grecque	20-27	30-50	Terrestre
Tortue boîte	24-29	60-80	Semi-aquatique
Tortue de Floride	26-28	80-90	Semi-aquatique
Iguane commun	25-35	80-90	Arboricole
Gecko	27-29	80-90	Arboricole
Anolis vert	23-29	70-80	Arboricole
Caméléon	28-30	50-70	Arboricole
Dragon d'eau	24-30	80-90	Arboricole Semi-aquatique

Les principales espèces et variétés de reptiles

Cette liste n'est bien sûr pas exhaustive mais présente les reptiles les plus fréquemment rencontrés dans les terrariums.

© H. Vassal/Alpha Oméga

L'agame aquatique

Nom scientifique

Physigniatus cocincinus

Origine

Thaïlande et Indochine.

Habitat

Forêt tropicale bordant les rivières, zones de végétation dense.
Arboricole, nage très bien.

Alimentation

Gros insectes, grenouilles, lézards, fruits.

Reproduction

Ovipare.

L'agame en captivité

Danger : peut mordre mais généralement pacifique.
Terrarium : il doit être vaste ; 200 x 80 x 100 centimètres. Bonne aération. Chauffage par rayonnement et conduction. Cachettes, grand bassin d'eau tiède, grosses branches.
Éclairage : intense, doses modérées d'UV.
Humidité : élevée, plus de 80 %.
Alimentation : criquets, grillons, souriceaux. A un gros appétit.
Problèmes : farouche, le jeune craint le stress et les manipulations. L'agame n'a pas la possibilité de régénérer sa queue. La manipulation doit donc être très délicate.

Maître idéal

Adulte qui souhaite étudier l'animal mais n'est pas déçu par son aspect farouche qui rend le contact difficile.
Doit pouvoir fournir la quantité de nourriture requise.

Le boa constricteur

Nom scientifique

Boa constrictor
Il fait partie des boïdés.

Origine

Amérique centrale et du Sud.

Morphologie

Il peut atteindre 3,5 mètres. Son corps est massif avec une tête petite, allongée et triangulaire. Il varie du gris-rouge au brun-rouge. Des dessins en forme de losange ornent les flancs.

Habitat

Il habite les sous-bois tropicaux. Il est terrestre et parfois arboricole surtout au stade juvénile.

Le boa en captivité

En captivité, il vit en terrarium. Prévoir un abri. Les décors doivent être solides et résis-

ter à l'écrasement. Une zone humide doit être mise à sa disposition.
Sol nu et sec avec des éclats de hêtre ou des écorces de pin.
La température doit être de 26 à 32 °C le jour et de 22 à 24 °C la nuit.
60 à 80 % d'humidité.
L'air doit pouvoir entrer dans le terrarium.

Alimentation

Plus actif à la tombée du soir, il sera nourri en fin de journée avec des rats vivants, un tous les 15 jours.

Maître idéal

Passionné, connaisseur disposant de temps et de place.

Boa constricteur
(© Dubois/Cogis)

LE CAMÉLÉON *

Nom scientifique

Chameleon cameleo

Origine

Afrique du Nord, Espagne, Inde, Égypte.

Morphologie

Il peut mesurer 30 centimètres. Son corps est aplati latéralement et il a de gros yeux coniques qui bougent indépendamment l'un de l'autre. Il a une vue à 360 °C.
Ses pattes possèdent 5 doigts soudés entre eux par deux ou trois.
Il peut changer de couleur passant du vert-jaune au noir tacheté.
Il se déplace très lentement.
Sa langue est très longue et il peut la projeter à très grande vitesse sur une proie.

Habitat

Il est arboricole. Il vit dans les régions sèches, chaudes le jour et froide la nuit.

Reproduction

Ovipare. Il dépose de 6 à 40 œufs dans un nid creusé dans la terre.

Le caméléon commun en captivité

Il est assez difficile à élever. Il meurt souvent en moins de deux ans.
Danger : inoffensif.
Terrarium : branches, feuillages.
Température : 28 à 30 °C le jour ; 18 à 20 °C la nuit. Il peut hiverner entre 5 et 8 °C.
Hygrométrie : importante. Vaporiser de l'eau afin qu'il boive.
Alimentation : il est assez vorace. Sauterelles, grillons, papillons, mouches.

Maître idéal

Personne très attentive à toutes modifications de comportement.

* Le caméléon commun est en annexe II (A) de la convention de Washington. Tous les autres sont en II (B).

Caméléons de Jackson (© Français/Cogis)

Un bébé caméléon (© Français/Cogis)

Le gecko commun *

Nom scientifique

Gecko gecko

Origine

Asie du Sud-Est, Malaisie, Indonésie.

Morphologie

25 à 30 centimètres.

Habitat

Forêt, nocturne. Arboricole.

Alimentation

Insectes, petits lézards, purée de fruits, miel, nectar.

Reproduction

Ovipare. Espèce facile à élever et à faire reproduire. Attention aux carences chez les jeunes.

Le gecko en captivité

Danger : inoffensif mais peut mordre.
Terrarium : assez vaste, 80 x 60 x 60 centimètres. Chauffage par conduction au sol.
Alimentation : écorces, grosses branches, plantes. Récipient d'eau.
Température : jour : 27-29 °C ; nuit : 25-26 °C.
Éclairage : modéré.
Humidité : élevée, 80 à 90 % mais réduite en hiver.
Problèmes : cannibalisme, combats fréquents entre les mâles. Craint le froid.

Maître idéal

Passionné, connaisseur.

* Figure en annexe I (A) de la convention de Washington.

Contrairement au Gecko commun, le Gecko diurne de Madagascar (ci-dessous) peut être détenu car il figure à l'annexe II de la Convention de Washington (© Français/Cogis)

Le gecko diurne *

Nom scientifique

Phalsuma lineata

Origine

Madagascar.

Morphologie

Il mesure 12 centimètres, il est vert vif avec des taches rouges à la base de la queue et vers la tête. Le mâle est plus coloré que la femelle.

Habitat

Arboricole.

Le gecko en captivité

Terrarium humide, vertical et très haut, muni de branchages. Prévoir un bassin et une pulvérisation régulière d'eau.
26 à 28 °C le jour, 23 à 24 °C la nuit.

Alimentation

Petits insectes, fruits.

Reproduction

Toute l'année, œuf pondu seul ou par deux.

Maître idéal

Convient à des personnes expérimentées cas les jeunes sont difficiles à élever.

* Figure en annexe II (B) de la convention de Washington.

Gecko diurne (© Français/Cogis)

L'iguane vert *

Nom scientifique

Iguana iguana
Il appartient à la famille des iguanidés.

Origine

Originaire d'Amérique du Sud, il vit au Brésil, au Mexique, au Paraguay.

Morphologie

Il présente un corps massif, des doigts longs munis de griffes. La tête possède un fanon sous la gorge et sous les tympans de grandes écailles rondes et plates.
Une crête dorsale est présente et très développée chez le mâle. Le dos est vert et le ventre gris.
Il mesure en moyenne 1,50 mètre à 2 mètres dont les deux tiers pour la queue.

Habitat

Il est arboricole et aime être près d'une source d'eau. Il est très bon nageur.
Il lui faut un très grand terrarium pour se déplacer, des branches pour grimper.
Un bassin est indispensable, la température sera de 25 à 35 °C le jour et 20-24 °C la nuit.

Reproduction

L'espèce est ovipare. La femelle construit une galerie dans le sable pour y déposer 20 à 60 œufs. L'éclosion a lieu trois mois plus tard.

Alimentation

Il est végétarien. Salade, banane, petits-suisses et vitamines conviennent très bien.
Les bébés sont insectivores.
Il vit une dizaine d'années.

Maître idéal

Peut convenir à des débutants qui s'informent et qui disposent de la place nécessaire.

* Figure en annexe II (B) de la convention de Washington.

La queue de l'iguane représente les deux tiers de sa taille (© Français/Cogis)

Iguane vert (© Français/Cogis)

Le python royal *

Nom scientifique

Python regius

Origine

Afrique centrale et de l'Ouest.

Morphologie

Il mesure 1,5 mètre. C'est le serpent le plus courant chez des particuliers. Son corps est court et massif, il est brun foncé avec des taches rondes brun clair. Le ventre est blanchâtre.

Habitat

Savanes et forêts. Il est terrestre et arboricole.

Le python royal en captivité

Danger : inoffensif en général mais parfois agressif.
Terrarium : assez grand (100 x 50 x 60 centimètres, 120 centimètres pour un couple), avec des branches et des cachettes, sol nu, avec des éclats de hêtre. Aérations latérales. Chauffage par conduction au sol et lampes.
Température : jour : 26-29 °C ; nuit : 22-25 °C.
Humidité : élevée d'avril à octobre (50 à 70 %) mais sol sec.
Alimentation : souris, rats, hamsters.
Période de repos : repos hivernal de novembre à mars avec un air sec, 25-28 °C le jour et 18-20 °C la nuit. Pas d'alimentation.
Reproduction : rare, l'incubation des œufs est délicate.
Problèmes : attention à un taux d'humidité trop fort. Craint les courants d'air et les manipulations. Attention au stress. Attention aux parasites externes ou internes.

Maître idéal

Passionné, connaisseur disposant de temps et de place. Déconseillé aux débutants, sauf s'il s'agit de spécimen d'élevage.

* Tous les boïdés sont en annexe II (B) de la convention de Washington, sauf quelques espèces en annexe I.

Python royal (© Français/Cogis)

Le serpent jarretière

Nom scientifique

Thamnophis sirtalis

Origine

États-Unis, Canada.

Morphologie

Mesure jusqu'à 1,30 mètre.

Habitat

Marais, prairies humides, plaines, montagnes, près d'un point d'eau.

Alimentation

Grenouilles, crapauds, poissons, souris, vers de terre.

Reproduction

Ovovivipare.

Le serpent jarretière en captivité

Danger : inoffensif mais parfois agressif, très rapide.
Terrarium : 80 x 40 x 50 centimètres. Chauffage par rayonnement, bonne aération. Cachette, récipient d'eau.
Température : jour : 23-27 °C ; nuit : 18-20 °C. Éclairage : intensité élevée.
Humidité : moyenne, sol sec.
Nourriture : poissons, jeunes souris, vers de terre. Période de repos : 3 mois, entre 8 et 12 °C dans le noir.
Reproduction : fréquente au printemps.
Problèmes : craint humidité, sol mouillé et froid. Craint les excès de chaleur.

Maître idéal

Ce serpent convient très bien à un débutant.

Le terrarium est un habitat valable pour tous les serpents : python royal mais aussi boas et serpent jarretière... Ici, Python royal (© Français/Cogis)

Le serpent vert

Nom scientifique

Opheodrys Aestivus

Origine

États-Unis, Mexique.

Morphologie

1,20 mètre.

Habitat

Buissons, taillis, hautes herbes, près de l'eau. Arboricole.

Alimentation

Sauterelles, chenilles, araignées.

Reproduction

Ovipare.

Le serpent vert en captivité

Danger : inoffensif.
Terrarium : 60 x 50 x 60 centimètres. Feuillage.
Chauffage : par rayonnement (spot).
Température : jour : 25-28 °C, un point chaud à 30 °C ; nuit : 20 -22 °C.
Éclairage : intense par tubes fluorescents. Doses modérées d'UV.
Humidité : élevée. Pulvérisation régulière d'eau.
Alimentation : insectes vivants, grillons, sauterelles. Compléments en calcium.
Période de repos : 3 mois dans l'obscurité à 10 °C.
Reproduction : très rare.
Problèmes : fragile, attention aux carences en vitamines. Craint les courants d'air.

Maître idéal

Espèce intéressante mais qui demande des connaissances et du temps car elle est très fragile.

Le Chondro Python viridis *(ci-dessous), également de couleur verte, est à ne pas confondre avec le Serpent vert (© Français/Cogis)*

La tortue boîte de Caroline

Nom scientifique

Terrapene carolina

Origine

États-Unis, Mexique.

Morphologie

15 à 25 centimètres adulte. Plastron articulé pouvant se fermer complètement.
De couleur marron orange, vert olive et barre jaune orange sur la tête.

Habitat

Semi-terrestre.
Forêt, prairies humides.

La tortue boîte de Caroline en captivité

Terrarium humide avec zone de bain.
Température : 24 à 29 °C.
60 à 80 % d'humidité.

Alimentation

Omnivore à l'âge adulte mais carnivore petite.

Tortue boîte de Caroline (© Français/Cogis)

La tortue de Floride

Nom scientifique

Pseudemys scripta elegans

Origine

Vient du Canada et des États-Unis.

Morphologie

20 à 30 centimètres. Dossière verdâtre avec une ligne jaune. Marque rouge en arrière des oreilles.

Habitat

Semi-aquatique, rivière, lac, étangs.

La tortue de Floride en captivité

Aquaterrarium ou bassin d'extérieur.
Température : 26 à 28 °C.

La Tortue de Floride a été interdite pendant quelque temps. La législation est actuellement variable. Des dérogations de détention sont possibles (© Hermeline/Cogis)

La tortue grecque

Nom scientifique

Testudo graeca

Origine

Vient du Bassin méditerranéen.

Morphologie

De 20 à 30 centimètres. La dossière est bombée.

Habitat

Terrains secs et rocailleux.

Alimentation

Régime végétarien.

La Convention de Washington interdit la détention de certaines espèces de tortues. C'est le cas de la Tortue grecque et de la Tortue Léopard. Ici, Tortue Léopard, peu indiquée comme animal de compagnie en raison de son poids... (© Français/Cogis)

LA TORTUE D'HERMANN

Nom scientifique

Testudo hermanni

Origine

Bassin méditerranéen.

Morphologie

15 à 30 centimètres adulte. La dossière est bombée, elle possède un éperon caudal. De couleur ocre jaune à jaune orangé.

Habitat

Vit près des mares et des ruisseaux.

Alimentation

Végétarienne.

Tortue d'Hermann (© Alexis/Cogis)

Les autres NAC

© Gauzargues/Cogis © D. Dordor/Alpha Oméga

Le furet

Cet animal est désormais très répandu comme animal de compagnie aux États-Unis et la passion des Français pour lui date de quelques années. Il était auparavant utilisé par les chasseurs pour détecter les lapins et également pour chasser les rats.
Le furet est un mammifère et un carnivore. Il sera soumis, comme le chien, à la vaccination contre la rage. Il fait partie des mustélidés.
Il existe deux variétés de furets domestiques qui se distinguent par la couleur de leur pelage. L'une est albinos aux yeux roses et l'autre est de couleur chamois avec le bout du museau, des pieds et de la queue noir.
Avant d'être animal de compagnie, le furet a longtemps été utilisé comme animal de laboratoire.
Le furet mesure de 44 à 56 centimètres de long et pèse de 600 grammes à 2 kilos. Le mâle est souvent deux fois plus gros que la femelle.

Habitat

Le furet supporte de grandes variations de température, de 0 °C à 32 °C mais il faut éviter de le faire vivre dans une atmosphère trop chaude car il souffre rapidement d'hyperthermie.
Il peut vivre à l'extérieur ou à l'intérieur. Les chasseurs le mettaient souvent dans une espèce de clapier au fond du jardin.
Il peut être logé dans une cage. Il a besoin d'un abri pour dormir au calme. Son maître peut l'éduquer à faire ses besoins dans une litière pour chat. Il pourra de même être habitué progressivement à marcher en laisse avec un harnais.

Alimentation

Les besoins alimentaires du furet se rapprochent de ceux du chat. Vous ne trouverez

Furet albinos (© Français/Cogis)

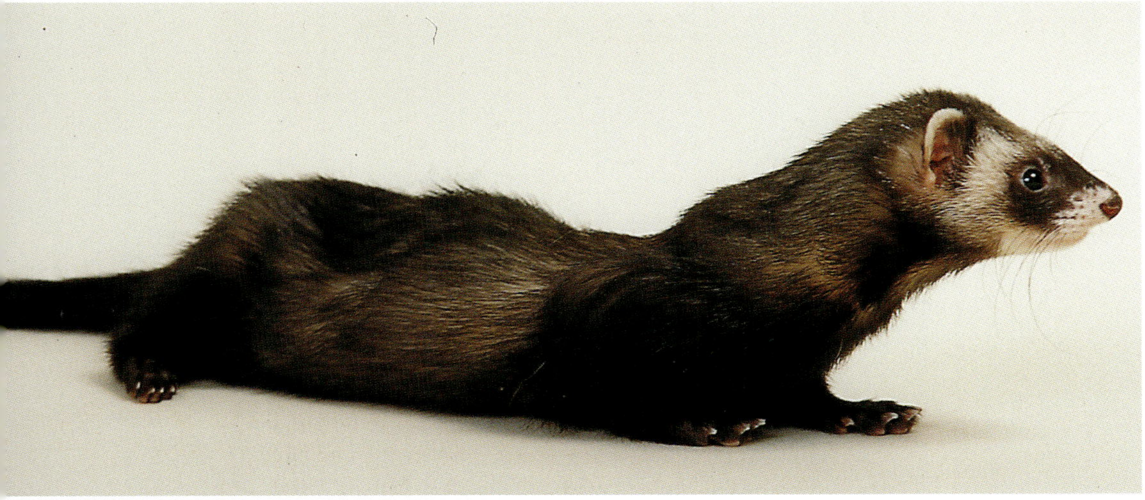

Furet de couleur chamois (© Français/Cogis)

pas encore dans le commerce d'aliments spécifiquement destinés au furet comme aux États-Unis. Vous pourrez le nourrir avec des boîtes ou croquettes pour chat. Il doit manger quand il le veut, le repas sera donc laissé en permanence à sa disposition.
Il faut complémenter l'alimentation de base avec de la viande, du foie, du poisson et un peu de lait.

Reproduction

Les furets atteignent leur maturité sexuelle entre neuf et douze mois. Le mâle se reconnaît très bien par la présence de deux testicules (qui descendent dans le scrotum à la période de reproduction) et d'un pénis.
La saison de reproduction se situe de mars à août. La reproduction des furets est soumise à la longueur des jours et à la durée de l'éclairage.

Pathologie

Le furet peut être victime de parasites tels les puces, les acariens responsables de la gale, la teigne, et des allergies de la peau. Les produits utilisés seront ceux destinés aux chats. Il peut attraper, comme les chiens, la maladie de Carré, la grippe.
Deux opérations sont pratiquées de façon courante : la castration et l'ablation des glandes anales.

Comportement

Le furet est très joueur et s'habitue très facilement au contact de l'homme. L'âge idéal pour l'acquérir est deux mois. Il faut le surveiller au début de sa vie car il est très explorateur et peut se faufiler partout, il est facilement victime des fils électriques ou autres dangers de la maison. Il faut faire attention aux mouvements brusques car il conserve parfois son instinct de chasseur qui peut le conduire à mordre. De plus, son comportement avec les jeunes enfants est parfois imprévisible.

Caractéristiques

Poids :
– mâle : 1 à 2,5 kilos ;
– femelle : 0,5 à 0,9 kilo.
Taille : 44 à 56 centimètres.
Longévité : 5 à 11 ans.
Alimentation : 50 g par kilo et par jour d'aliments secs.
Eau : 75 à 100 millilitres par jour.
Maturité sexuelle : 6 à 12 mois.
Température du corps : 38 à 40 °C.
Période de reproduction :
– mâle : décembre à juillet ;
– femelle : mars à août.
Gestation : 42 jours.
Portée : 8 petits. Deux portées par an.
Poids à la naissance : 7 à 10 grammes.
Ouverture des yeux : 34 jours.
Sevrage : 3 à 7 semaines.

Les mygales

Elles appartiennent à la classe des arachnidés, sous-embranchement des arthropodes. Elles sont caractérisées par des pattes articulées et un tégument plus ou moins rigide.
Sur 650 espèces, seules 10 sont dangereuses.
Elles possèdent 6 paires d'appendices sur la tête et le thorax, une paires de chélicères, une paire de pédipalpes et 4 paires de pattes locomotrices.
Dans ce groupe, on trouve également les scorpions.
Il existe trois groupes de mygales.
Les **mygales arboricoles** : elles possèdent des membres longs, recouverts de longs poils. Elles tissent leur toile entre les arbres.
Les **mygales terrestres** : elles sont lourdes et massives, leur abdomen est rond et le corps est recouvert de poils courts et dispersés.
Compte tenu de leur poids, la moindre chute peut être fatale. Elles font des abris dans les cailloux.
Les **mygales souterraines** : elles ont un corps allongé. Elles vivent dans des galeries creusées dans la terre.

Contention

La mygale est très fragile. Les ruptures des membres sont fréquentes. Elle doit être prise entre le pouce et l'index, entre les deuxième et troisième paires de pattes.

Habitat

À l'état naturel, les mygales se rencontrent dans les déserts du Mexique, dans les forêts tropicales de l'Amérique du Sud et du Centre. On en trouve également en Afrique, en Asie et en Australie.

En captivité, la mygale sera nourrie de proies vivantes (© Lanceau/Cogis)

Terrarium

Une caisse de 40 centimètres sur 30 centimètres peut suffire. Un grillage fin permettant une aération constante sera disposé pour fermer l'espace.
Aucune aspérité ne doit gêner le déplacement de l'animal.
Les parois ne doivent pas être hautes car les risques de chute existent.
Le sol peut être constitué de tourbe.
L'humidité doit être de 45 à 70 %, la température entre 23 et 26 °C.
Un abri sera mis à la disposition de l'araignée.

Alimentation

Elles sont carnivores et insectivores. Dans la nature, elles chassent la nuit des insectes ou des petits oiseaux. Elles utilisent leur venin.
En captivité, elles seront nourries de petites proies vivantes (vers, criquets, souriceaux).
La mygale liquéfie sa proie puis en aspire le contenu.
Attention, le cannibalisme est fréquent, ne mettez qu'un seul individu dans le terrarium.
Les mygales font 2 à 3 repas par semaine mais un jeûne d'un mois ou plus n'est pas un problème.

Mue

Elle a lieu 2 à 3 fois par an chez les jeunes et une fois par an chez les adultes.
Les mâles muent entre les mois de mai et d'août.
L'animal ne bouge plus et ne mange plus avant la mue. L'arraignée boit beaucoup d'eau, son abdomen devient presque noir, les pattes deviennent très fines. Pour se libérer de sa « peau » elle se couche sur le dos.
Le taux d'humidité est très important pour que la mue se déroule bien. Elle ne doit pas durer plus de vingt-quatre heures.

Reproduction

La maturité sexuelle se fait entre 3 et 10 ans chez les femelles et à 2 ans chez les mâles. Ils ont alors des bourses sexuelles sur les pattes mâchoires.

La mue a lieu une fois par an chez la mygale adulte (© Lanceau/Cogis)

Les mâles ont un corps plus fin et l'abdomen est moins volumineux que chez les femelles.
La saison des amours a lieu en septembre-octobre ou au printemps chez certaines espèces tropicales.
Le mâle fait une parade sexuelle au cours de laquelle les membres tremblent. Il saisit ensuite la femelle et fait pénétrer ses deux bulbes dans son pore génital abdominal.
Il se sauve vite après l'acte car la femelle a tendance à le dévorer.
Un à deux mois après l'accouplement, 400 à 1 000 œufs sont pondus et enfermés dans un cocon.
L'éclosion a lieu dans le cocon 3 à 8 semaines après. La mortalité est très importante.

Pathologies

Une mygale en bonne santé mange et mue régulièrement. Elle a un abdomen bien tendu. Les couleurs sont vives et brillantes.
Si elle recherche de l'eau ou que son corps se fripe : alerte.
Pour tenir une mygale, il faut la plaquer sur le sol avec la paume de la main et les doigts seront disposés de part et d'autre du céphalothorax.

Conclusion

Il est important de considérer un NAC comme un animal de compagnie mais également comme un animal nouvellement domestiqué. Il a donc besoin de s'adapter à vous. Vous avez besoin de comprendre sa physiologie.
Ne soyez pas frustré d'un manque apparent de relation affective. Elle se développera au travers de votre attention quotidienne mais sera moins rapide et moins concrète qu'avec un chat ou un chien.

Une connaissance parfaite du matériel, du fonctionnement des accessoires est indispensable mais ne voile en rien l'instinct de la relation avec l'animal.
Ne soyez pas inconscient en ignorant toutes les notions scientifiques sous prétexte d'entretenir avec votre NAC une relation passionnelle.
La connaissance et l'affectif peuvent être liés et **doivent** l'être pour l'équilibre de votre NAC.

Caméléon Pumilus (© Kohler/Cogis)

Adresses utiles

École vétérinaire de Maisons-Alfort
7, avenue du Général-de-Gaulle
94704 Maisons-Alfort Cedex
Tél. : 01 43 96 71 00
Fax : 01 43 96 71 25
L'École vétérinaire a ouvert une consultation spécialisée en NAC

Muséum d'histoire naturelle
45, rue Buffon
75005 Paris
Tél. : 01 40 79 34 00

Société herpétologique de France
2, place Jussieu
75230 Paris Cedex 05

Association française d'aquariophilie
Parc floral de Paris
75012 Paris

Station d'observation et de protection des tortues des Maures
La Tuilière des Anges
83340 Les Mayons

Tortues spur-high (© Français/Cogis)

Index des espèces et variétés

Table des matières